L'ARMÉE FRANÇAISE

A METZ

A Protais del.

DEVANT METZ

Amyot Éd. de la Paix Paris

L'ARMÉE FRANÇAISE

A METZ

PAR

LE Cᵀᴱ DE LA TOUR DU PIN CHAMBLY

DE L'ÉTAT-MAJOR DU IVᶜ CORPS

(Avec un dessin de **M. A. PROTAIS**)

PARIS

F. AMYOT, LIBRAIRE-ÉDITEUR

8, RUE DE LA PAIX, 8

—

1871

MON CHER PROTAIS,

Vous avez bien voulu aider ma plume novice de votre crayon célèbre, pour peindre les inénarrables épreuves de l'armée de Metz. Mais vous m'avez fait un don plus précieux encore en me permettant de joindre votre nom au mien en tête de ces pages, comme un ami honore de son parrainage un enfant bien né.

Ce nom, — il faut que l'exemple en soit écrit ici, — est celui d'un homme qui, croyant à l'âme du soldat, en a cherché les révélations sur tous les champs de bataille, depuis la Crimée jusqu'à la Lorraine.

Aux jours violents où je vous ai connu, vous étiez entré dans l'idéal alors que vous le cherchiez encore, rivant au fanion brisé de notre général les risques de votre tète pensive et de votre main d'artiste, et trahissant par votre insoucieuse sérénité ce *mens divinior* que les anciens reconnaissaient aux poëtes.

Plus tard, quand les revers du siége de Metz nous eurent enfermés dans la même chambrette, tandis que j'écrivais les pages que l'on va lire, vous jetiez les esquisses qu'un autre compagnon d'armes, L. de Polignac, saluait en ces termes :

> Ah ! gardons ce crayon à l'avenir lié,
> Salutaire entretien de haine et de pitié.

Oui ! gardons vos œuvres, mais gardons surtout votre exemple, et puisse-t-il, par l'image où vous en personnifiez la simple grandeur, être à bien des yeux ce qu'il fut à nos cœurs : — une étoile au ciel sombre.

Que votre modestie fière ne s'offense pas de ces lignes : la fortune d'avoir pu vous les adresser ici sera bien enviée à votre compagnon d'armes et de souffrances,

LA TOUR DU PIN CHAMBLY,

Aide de camp du général de Ladmirault.

Paris, ce 19 juillet 1871.

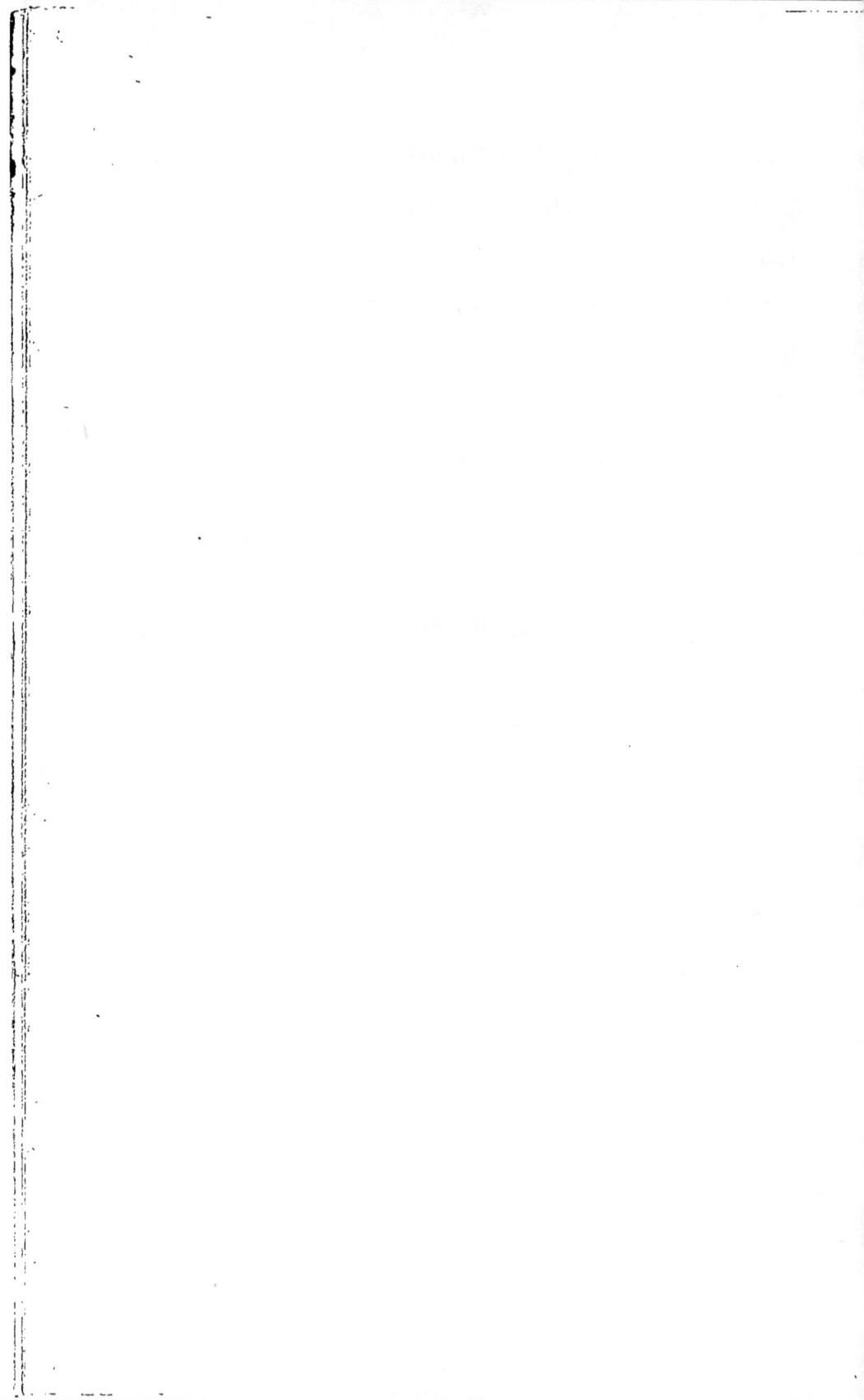

L'ARMÉE FRANÇAISE

A METZ

I

Plappeville–sous–Metz, ce 10 octobre 1870.

Par une des longues journées du blocus de Metz, j'ai commencé ces lignes destinées à arrêter dans ma réflexion les leçons militaires et politiques des trois mois de campagne que je viens de traverser.

Cette campagne n'est pas terminée, et pourtant elle ne garde plus de jours pour la victoire. — Bientôt je chercherai comment des soldats ont pu se voir livrés à cette fatale destinée; aujourd'hui je veux dire seulement dans quel moment j'écris, et conserver ainsi pour mes souvenirs la clef du ton dans lequel se produisent mes pensées. Puissent mes lecteurs, si j'en ai plus tard, ne connaître ce diapa-

1

son que par un effort de l'imagination, mais y re- trouver une voix trop longtemps oubliée, la voix de la vérité !

J'écris sous les ombrages d'une belle habitation devenue le quartier général d'un corps d'armée ; devant moi la ville de Metz s'étale au-dessous de sa haute cathédrale, dont la flèche arbore encore les couleurs françaises : le soleil joue sur les grands édifices à travers les premières brumes d'automne, et dore les vignobles animés par les tentes de nos camps ; la large vallée de la Moselle laisse briller ses villages blancs entre leurs grands bois ; pourtant l'œil n'ose se reposer sur ces sites charmants, car à peine la nuit descendue ils décèleront par des lignes de feux les bivacs ennemis qui les souillent ; dès maintenant, un regard scrutateur découvrirait les retranchements et les batteries qui tracent le champ clos où vont tomber les armes de la France.

Ah ! ils doivent être bien fiers les cœurs qui battent derrière ces lignes ! Et vous, pauvres soldats français, brûlez vos dernières cartouches contre les bonnes tranchées de l'ennemi ; canons des forts, tonnez sur ses troupes qui manœuvrent en bel ordre hors de votre portée..... les arrêts de l'histoire sont rendus, et n'attendent pour être enregistrés que le jour où nous aurons mangé nos derniers chevaux.

Ce jour-là nous prendrons le deuil de notre vieux renom militaire pour remettre nos vingt mille bles- sés aux mains du vainqueur, comme nous lui avons

déjà laissé les tombes de nos morts; nous sollici-
terons de lui la faveur tardive d'écrire aux parents
de ces chers morts qu'ils ne doivent plus les revoir;
puis nous lui demanderons de daigner nous faire
connaître si nous avons encore une patrie, sous quel
drapeau elle lutte encore, ou derrière quels traités
elle s'est réfugiée, si enfin elle a encore des bras à
ouvrir à ses impuissants défenseurs. Car tout cela,
et bien des choses intimes, voilà bien longtemps que
nous n'en savons plus rien.

Pendant les longs jours passés dans cette attente,
l'espoir, fondé dans le principe, d'échapper à un
fatal dénouement, m'avait d'abord détourné d'y
arrêter mes regards; j'aimais mieux vouer les loisirs
croissants chaque jour du service à la pensée de
ceux qui me sont chers, puis me laisser entraîner
par ces pensées sur la pente des bons souvenirs,
pente où m'aidaient encore à glisser l'aspect agréa-
ble du séjour et la sérénité du ciel, dont la douce
ironie souriait au-dessus de nos champs de bataille.

Mais le temps a marché, et sa marche a été inexo-
rable pour la pauvre armée rivée aux murs de Metz;
tout s'est assombri, le ciel et l'horizon : les soldats
affaiblis souffrent du froid et de la faim; les chevaux, notre unique ressource alimentaire, succombent; le sol détrempé par les pluies ne permet plus
au reste des attelages de traîner les canons à un
dernier combat. Les lignes multiples de circonvallation dont l'ennemi nous a enserrés ne s'allumeront

donc plus au tressaillement de nos luttes suprêmes,
— à moins qu'une nuit nous ne jetions sur leur feu
les poitrines de nos plus braves soldats, et que, tués
ou pris dans cet assaut désespéré, nous ne perdions
ainsi le souci du troupeau sans chefs que l'ennemi
ramassera le lendemain. — Il n'est plus donné au
commandant de l'armée que de choisir l'aspect du
désastre qui attend sous ces murs le pays... puisse-
t-il être bien inspiré pour le dénouement de la
crise suprême !

Quel que soit ce dénouement, il laissera un devoir à tous ceux à qui il rendra, sinon la liberté, au
moins le libre arbitre : ce devoir sera, dans la mesure des forces de chacun, celui de travailler à
sauver le pays, ne fût-ce qu'en protestant contre les
erreurs qui l'ont abaissé ; — car, là où le moindre de
nous a été coupable, aux temps prospères, d'ignorance ou de mollesse, nul n'est délié par le malheur
commun d'apporter son œuvre à la réédification
des institutions nationales. Relever notre pays, lui
reformer une armée, tel est le cri qui sort de toutes
les bouches loyales. Mais pour y vouer avec quelque
fruit ma vie, comme je le veux désormais, je sens
combien il faut mûrir dans mon esprit les cruels
enseignements de la crise actuelle, et je le sens
d'autant plus que je n'ai pas su, dans une étude
pourtant bien récemment publiée, présager toute
l'imminence ni toute l'étendue de semblables événements.

Je vais donc essayer d'abord de me retracer le caractère général des faits de guerre qui viennent d'être préparés et accomplis sous mes yeux, puis l'aspect actuel de l'armée. Je me propose de chercher ensuite la morale de ces tableaux, d'abord dans leurs lignes générales, puis dans ceux de leurs détails que je peux aborder.

Si ces réflexions sont quelque jour livrées au public, je le prie de ne pas oublier qu'elles ne sont que les modestes et libres commentaires d'un soldat.

II

Au milieu de juillet commença dans les garnisons
françaises un mouvement de translation vers l'Est,
préliminaire de la guerre. Chaque soir partaient de
Paris un ou deux trains portant des troupes au
camp de Châlons; des amis et des désœuvrés ac-
compagnaient les régiments à la gare; des groupes
remontaient le boulevard en chantant *la Marseillaise*.
Accoudé au balcon du cercle de la rue Scribe, je
regardais ces manifestations sans me sentir atteint
de leur enthousiasme : ce chant auquel rien ne doit
résister, — on le disait du moins alors, — je ne
l'avais jamais entendu dans les combats de Crimée, d'Afrique ni d'Italie, et ceux qui chantaient
ainsi dans la rue ou criaient : « A Berlin ! à Berlin ! »

ne ressemblaient guère à mes compagnons d'armes au temps de nos belles campagnes.

Quand du balcon je rentrais dans les salons du cercle, j'entendais des hommes de connaissance, qui venaient précisément de chasser en Silésie avec les princes de Prusse, raconter combien les menaces de guerre avaient jeté le désarroi de l'autre côté du Rhin, et comparer nos chances dans la lutte à celles de je ne sais plus quel cheval favori contre le dernier poulain d'une mauvaise écurie.

Je ne partageais pas plus ce sentiment que l'enthousiasme de la rue; j'avais assisté à plusieurs camps de manœuvre en Allemagne, j'avais suivi l'instruction qui y était donnée, j'avais réfléchi à l'organisation militaire de ces États, et je m'étais facilement rendu compte qu'une lutte contre eux, — lutte que je regardais d'ailleurs comme inévitable, — devait être chose très-sérieuse, et présenter la plus grande et mémorable leçon d'art militaire de notre siècle.

Mais ne nous laissons pas aller à l'illusion facile d'où naît après l'événement la foi au pressentiment : mon esprit n'avait nullement pris d'avance le deuil, et goûtait le charme de cette liberté que donne la perspective du péril en soulevant par ses incertitudes mêmes le poids monotone de la vie.

Bientôt mon tour vint de rejoindre l'armée qui se formait sur notre frontière du Nord-Est. En route et à l'arrivée je trouvai dans les populations et chez le soldat un enthousiasme de meilleur aloi que celui de Paris, et ces heureux auspices semblaient inaugurer la campagne.

Mais cet enthousiasme était battu en brèche chaque jour par les lenteurs et les défauts d'organisation dans le rassemblement des troupes, et par l'humeur chagrine qui en résultait chez tous, injuste souvent en son application, mais juste en son principe : car rien n'est déplorable comme notre système d'organisation militaire, qui, centralisé absolument au ministère de la guerre, ne contient même pas les bases de la mobilisation, et en fait dès lors une crise pleine de privations pour le soldat, de labeur et d'inquiétude pour les chefs, de péril pour le pays.

Enfin, quinze jours environ après la déclaration de la guerre, les troupes se voyaient prêtes à entrer en opérations, c'est-à-dire qu'elles avaient leurs premières munitions, des transports (de réquisition en grande partie) pour les vivres, et des cacolets pour leurs blessés.

Alors seulement commencèrent à arriver les renforts à l'effectif qui constituent le passage du pied de paix au pied de guerre, c'est-à-dire les soldats, en congé temporaire, les hommes de la deuxième portion du contingent, et les classes de la réserve. Tout ce monde avait dû rejoindre d'abord les dépôts des corps, pour y être équipé, et dirigé ensuite en détachements sur la portion active. Les premiers de ces détachements arrivèrent sans autres retards que ceux de l'encombrement des voies ferrées par tant d'allées et de venues; les autres ne rejoignirent pas, et furent englobés dans l'armée de deuxième levée ; plusieurs, sans cadres et incertains de leur route une fois la guerre commencée, furent enlevés par les troupes légères de l'ennemi.

Mais n'anticipons pas; les hostilités ne sont pas encore ouvertes dans mon récit, et nos camps, espacés depuis le Rhin jusqu'à la Moselle, reçoivent facilement leurs arrivages par les lignes de chemin de fer. Ils ne sont jamais attaqués, mais constamment observés et tenus en alerte par d'insaisissables coureurs. L'ordonnance méthodique de nos avant-postes avec ses étroites proportions n'oppose pas d'obstacle aux investigations de ces éclaireurs, dont les communications en arrière sont aussi soigneusement combinées que leurs pointes paraissent téméraires : nous nous sentons bientôt vivre en quelque sorte sous les yeux des états-majors ennemis, et il en résulte un certain malaise dans nos esprits.

Pour rompre cette impression et nous éclairer à notre tour sur les desseins de l'ennemi, nous faisons des reconnaissances; mais leur marche processionnelle est toujours éventée, et elles ne rencontrent rien, ou bien, surprises de se heurter à des postes qu'elles ne soupçonnaient pas, elles font un feu précipité, et rentrent sans s'être rendu compte du genre de résistance qu'elles ont rencontré, et moins encore de ce que cette résistance pouvait couvrir.

Enfin, après plusieurs tâtonnements qui n'avaient fait connaître en rien la disposition des forces ennemies, on résout une opération plus marquée sur Sarrebrück; mais l'ennemi, que là même on n'avait pas encore découvert, fond à son tour sur nos bivacs tranquilles; il écrase sous le nombre une de nos divisions à Wissembourg, un de nos corps d'armée à Wœrth, et en eût fait autant d'un autre corps sans la résistance acharnée de la division Laveaucoupet à Spicheren.

Ces trois combats ont plusieurs caractères communs : l'ennemi n'attaque qu'à coup sûr, corps d'armée contre division, ou armée contre corps d'armée; les soldats français reçoivent le choc avec une vaillance qui à nombre égal leur eût valu la victoire, mais de leur côté la surprise paralyse tout mouvement stratégique, et aucun des corps voisins ne marche au canon des troupes attaquées.

Alors l'empereur sentit la nécessité de concentrer ces masses, qui, proches pourtant l'une de l'autre, semblaient s'ignorer entre elles, et le gros de l'armée du Rhin fut replié sur Metz sans avoir essayé de recueillir l'aile droite. Celle-ci, tellement ébranlée, bien qu'un seul de ses deux corps eût combattu, qu'elle se croyait toujours poursuivie, ne sut s'arrêter qu'à Châlons, ayant marché sans relâche, sans

itinéraire fixe, et dès lors sans distributions assu-
rées; l'armée ennemie, après l'avoir coupée de Metz,
avait lancé sur ses lignes de retraite une nombreuse
cavalerie, qui, l'y devançant, l'y côtoyant avec une
habileté sans égale, réussit, sans jamais combattre,
à lui causer des fatigues et des difficultés inces-
santes, et à semer dans le pays une inquiétude inex-
primable. — Il fallut vraiment le moral de la troupe
française pour empêcher une pareille retraite de se
changer en déroute; mais on était soutenu par la
pensée que cette retraite était purement une opération stratégique, et qu'on allait se reformer au camp
de Châlons ou bien sous Paris.

La concentration sur Metz des autres corps de
l'armée française, — car la France n'avait pas d'autre
armée à ce moment que celle qui portait assez im-
proprement le nom d'armée du Rhin, — la concentration s'opéra dans des conditions meilleures. —
Des forces ennemies compactes et grossissant tous
les jours nous suivaient, mais sans nous aborder et
sans nous déceler leur nombre ni leurs dispositions;
leurs coureurs entraient dans nos cantonnements
deux heures après que nous les avions évacués·
l'ennemi avait pris contact avec nous, et se mainte-
nait ainsi, sûr que nous ne lui échapperions pas.

Notre mouvement, très-borné dans son étendue,
se prononça lentement, nous flottions absolument
d'ordres en contre-ordres émanant de trois autorités
différentes : l'empereur, qui déléguait au maréchal

Bazaine le commandement de l'armée sans cesser de l'exercer par lui-même; ce maréchal, qui semblait surtout préoccupé de la conservation du corps dont il restait le chef direct, et qu'il grossissait d'emprunts faits aux corps voisins; et enfin le major-général, dont l'action se faisait surtout sentir pour empêcher une retraite précipitée.

On sut bientôt que le cabinet de l'empereur voulait prolonger cette retraite jusqu'à Châlons, ou peut-être jusque sous Paris, tandis que l'état-major général de l'armée trouvait moins fâcheux et très-suffisant de se masser dans le camp retranché de Metz : on y recevrait la bataille en bonne position, ou bien on resterait comme une menace terrible pour les communications de l'ennemi, s'il osait poursuivre sa marche sur la ligne de notre chemin de fer de l'Est, dont il était déjà maître jusqu'à Frouard. — Tel était du moins le langage qui se tenait alors très-haut à l'état-major général, et qui trouvait un puissant appui dans le général chef du génie de l'armée, que l'empereur nomma au commandement de la place de Metz, avec charge de mettre cette place en état de défense.

Le moment où le plan de s'arrêter sous Metz triompha fut celui d'une réaction très-marquée dans les esprits : nos revers, l'ignorance dans laquelle tous étaient tenus de l'ensemble des mouvements, l'indécision qui se faisait sentir dans la direction générale, tout avait contribué à inquiéter et à mécontenter l'armée, et tous ces sentiments n'étaient nulle part plus accentués qu'auprès du commandement même. Du jour, au contraire, où un plan parut arrêté, la confiance éclata dans toutes les paroles, d'autant plus que ce plan entraînait la remise absolue de la direction entre les mains d'un personnage d'une habileté réputée, et écartait du même coup l'empereur et le major général, qu'on accusait tous deux de n'avoir su ni préparer d'avance ni former devant les circonstances un plan d'opérations.

Cet enthousiasme dura peu, car le nouveau major général fut précisément celui des deux aides-majors dont les procédés bureaucratiques avaient déjà fait mettre en suspicion la capacité; et puis la nouvelle était apportée par le 6e corps arrivant de Châlons qu'il avait failli être coupé de Metz par l'ennemi, déjà maître en amont des deux rives de la Moselle.

Alors nous reçûmes l'ordre de passer également cette rivière comme pour continuer la retraite vers l'intérieur; mais le 14 août, tandis que cette opération s'exécutait avec les lenteurs qu'entraîne l'absence de direction, nous fûmes attaqués vigoureusement sur nos derrières par la première armée allemande. Le général Steinmetz, qui la commandait alors, entendait ralentir par là notre mouvement rétrograde, et masquer la marche hardie que le prince Frédéric-Charles faisait exécuter pendant

ce temps à la deuxième armée, pour gagner de vitesse les troupes françaises sur leur ligne de retraite,
et la leur fermer ainsi.

Le choc fut rude : il porta d'abord sur le 3ᵉ corps
français, qui le reçut solidement, mais y perdit le
digne chef qui venait seulement de lui être donné,
le très-regretté général Decaen. D'heure en heure
l'attaque s'étend de Borny, où elle a commencé, de
plus en plus vers le nord ; l'état-major prussien sait
que le fort qui défend Metz de ce côté n'est encore
ni fermé ni armé, et qu'il ne reste plus devant ses
glacis inachevés que l'arrière-garde du 4ᵉ corps.
Mais cette troupe, au lieu d'attendre l'ennemi, se
porte au-devant de lui, et le général de Ladmirault,
qui établissait déjà ses autres divisions sur la rive
opposée de la Moselle, découvre, par bonheur, la
bataille qui s'est engagée sur ses derrières. Il fait
volte-face ; ses troupes, dans un élan indicible, esca-
ladent les coteaux plutôt qu'elles ne les gravissent,
et leurs têtes débouchent sur les hauteurs de Saint-
Julien, en même temps qu'un nouveau corps d'armée prussien y porte son effort ; la lutte s'engage
au canon sur tous les plateaux, et des assauts fu-
rieux ont lieu contre un bois qui couvre un vallon
débouchant sur les abords de Metz.

La nuit approchait sans amener le succès des
efforts allemands, quand Manteuffel lança tambour
battant de puissantes attaques sur notre gauche à
peine formée. Sous cette grêle de balles, quelques-

uns de nos soldats sont émus, quand le général de Ladmirault, qui heureusement est au point menacé, se jette au milieu d'eux, fait sonner la charge, et enlève toute la troupe à la baïonnette. Rien ne tient devant cet élan, ni la nuée des tirailleurs prussiens, ni les masses qui les appuient, et la nuit tombe sur un champ de bataille que nous avons reconquis.

Le maréchal Bazaine en profita pour faire reprendre aussitôt à la droite de l'armée le mouvement de retraite que la bataille avait interrompu ; la gauche attendit ses ordres jusqu'à minuit, puis imita le mouvement de la droite lorsqu'elle s'en fut aperçue, et le passage de la Moselle fut enfin terminé dans les premières heures de la matinée du 15 août.

La bataille qui s'était livrée porta pour nous le nom de Borny, et fut pour les Allemands la première bataille de Metz; elle nous avait coûté 4,000 hommes, dont l'un des deux commandants de corps d'armée qui y avaient combattu.

Il paraissait sans doute urgent de ne pas se laisser gagner de vitesse par l'armée prussienne sur la ligne de retraite, car le lendemain de la bataille de Borny, à peine celles des troupes qui l'avaient soutenue étaient-elles dans leurs nouveaux bivacs, que l'ordre arriva de se mettre en marche dans la direction de Verdun.

Cette marche avait été tellement peu étudiée et mal tracée que, si l'aile droite de l'armée se fût conformée à l'ordre général de mouvement, elle n'eût jamais pu déboucher. Heureusement, le commandant du 4ᵉ corps, qui formait cette aile, avait pris sur lui de modifier son itinéraire, et put prendre ainsi de nouveau une part décisive à la bataille du lendemain 16 août, que les Allemands appelèrent du nom de Mars-la-Tour, et les Français de celui de Rezonville.

Ce matin-là, un corps de la deuxième armée allemande avait débouché des ravins de Gorze sur le flanc de notre marche, et nous barrait la route de Verdun entre Mars-la-Tour et Rezonville ; il profitait des grands bois qui encadrent cette route pour dissimuler la faiblesse numérique de ses troupes d'infanterie, tandis qu'une cavalerie et une artillerie nombreuses, surprenant d'abord et dispersant notre avant-garde de cavalerie, soutenaient ensuite la lutte par des attaques répétées contre nos lignes immobiles. L'énergie de toutes les troupes allemandes, et particulièrement le dévouement extraordinaire de leur cavalerie, donnèrent ainsi le temps à des renforts détachés par Steinmetz d'arriver à la rescousse, et au prince Frédéric-Charles d'amener en personne, vers trois heures, un autre de ses corps d'armée.

Durant la première phase du combat, le 2ᵉ corps français, écrasé de pertes, avait dû être relevé par une partie de la garde impériale, et celle-ci soutenait la lutte avec le 6ᵉ corps, les divisions du 3ᵉ restant en réserve. Le 4ᵉ corps, en marche depuis

2.

le matin sur la route nord de Verdun, entendit heureusement le canon et s'y porta ; ses troupes, à mesure qu'elles arrivaient sur le champ de bataille, entamaient victorieusement le flanc droit des Allemands presque enveloppés. Mais bientôt viennent se heurter contre elles les troupes fraîches du prince Frédéric-Charles. Dans la violence du choc, les généraux qui le conduisaient de part et d'autre sont tués (MM. de Brayer chez les Français, et de Wedell chez les Allemands) ; une brigade de cavalerie de la garde prussienne, qui veut soutenir l'attaque de son infanterie, est fauchée par les feux de la division de Cissey, et lui laisse un étendard ; mais une grosse division de cavalerie tourne notre flanc droit et le prend d'enfilade par son artillerie. Le général de Ladmirault jette au-devant de cette attaque six régiments de cavalerie française, qui bientôt tourbillonnent avec les Allemands dans la plus effroyable mêlée de cavaliers dont les annales des armées offrent de notre temps le tableau ; ceux de nos généraux qui s'y engagèrent, MM. Legrand et de Montaigu, n'en revinrent pas.

Alors le prince allemand renonce à entamer notre droite, et vers le soir il lui cède son champ de bataille ; au centre et à gauche les Français avaient maintenu victorieusement leurs positions, sans laisser à l'ennemi, — bien qu'il en ait dit depuis, — ni trophées ni prisonniers. Nous nous croyions donc sortis vainqueurs d'une des plus violentes luttes qu'inscrivent les fastes militaires ; 16,000 d'entre nous étaient étendus sur le champ de bataille, et l'Allemagne dut accuser une perte de 23,000 hommes.

Hélas ! tout ce sang ne fut pas versé inutilement pour elle, mais pour nous : car notre ligne de retraite sur Verdun restait compromise par la perte d'une de ses routes, tandis que la moitié de nos forces avait flotté sans emploi derrière les troupes qui combattaient, ou était restée empêtrée parmi les bagages dans la banlieue même de Metz.

Le lendemain, la question du ravitaillement (en munitions surtout), servant nos ennemis mieux encore que leurs armes, parut nous obliger à rester dans le rayon d'action de Metz, sans toutefois abandonner la tête des routes qui conduisent à Verdun, - soit par Gravelotte, soit par Briey.

La cavalerie ennemie nous suivit dans cette évolution, gardant notre contact, et masquant le mouvement des deux armées allemandes, qui se joignirent pendant ce temps sur la ligne que nous venions de quitter, puis opérèrent dans la matinée du 17 un grand mouvement de conversion à droite, pivotant sur Gravelotte, d'où la bataille prit son nom. L'état-major prussien entendait cette fois compléter par l'effort d'ensemble de forces écrasantes le coup qu'il avait tenté l'avant-veille avec tant d'audace et de talent. Aux sept corps d'armée qui se massaient contre nous le vieux roi amena le renfort des deux plus vaillants corps de ses armées, la garde royale et les Saxons, et ces 250,000 hommes s'apprêtèrent à ce qu'ils appelaient déjà en finir avec nous, c'est-à-dire à nous rejeter sur Metz.

Leur attaque nous trouva à onze heures établis sur la ligne d'Amanvilliers, du plateau de Saint-Privat à l'éperon de Châtel.

Notre ordre de bataille présentait de droite à gauche le 6e, le 4e et le 3e corps, celui-ci flanqué en retour par le 2e, la garde en réserve. Le combat flotta longtemps, tenace, mais indécis; nos positions étaient dominantes, leurs proches abords découverts, leurs vues limitées; la puissante artillerie prussienne n'y avait pas ainsi tous ses avantages; une de ses batteries avancées est bientôt enlevée par les tirailleurs de la division de Cissey, qui s'enfonce peu à peu comme un coin dans le centre de l'ennemi. Mais contre notre aile droite se prononce une attaque formidable de la garde et des Saxons. Arrêtés par la solidité de notre infanterie, les assaillants écrasent Saint-Privat des feux d'une énorme artillerie; la nôtre y répond jusqu'à ce qu'elle manque de gargousses. Alors les masses allemandes reprennent l'attaque, tournent le 6e corps, l'enveloppent de leurs feux, et le contraignent à la retraite. Leurs obus prennent dès lors d'écharpe et bientôt d'arrière la droite du 4e corps, qui doit à son tour céder Amanvilliers non à l'ennemi, mais aux flammes. — En vain la garde impériale, avec sa puissante artillerie, avait été suppliée de descendre des hauteurs du Gros-Chêne au secours des lignes qui tenaient encore, mais n'avaient plus un bataillon en réserve, -souvent plus de munitions : elle n'avait pas d'ordres du commandant en chef, et laissa la victoire se prononcer contre nous sous ses yeux. — 12,000 Français, 25,000 Allemands, gisaient morts ou blessés, quand la nuit amena le silence sur l'horrible champ de bataille, dont la droite seulement, que les Prussiens appelèrent le tombeau de leur garde, leur était abandonnée.

Chose bizarre, l'ennemi, épuisé sans doute, n'osa pas nous y remplacer, et la bataille pouvait être reprise le lendemain, car la garde impériale n'avait pas cessé de couronner le plateau du Gros-Chêne, et formait ainsi au 4e corps, redevenu aile droite des lignes, un flanc très-suffisant. Le maréchal commandant en chef en jugea sans doute autrement, ou plutôt la rentrée de l'armée dans le camp de Metz était d'avance chose arrêtée dans son esprit, car de longues instructions préparées dans ce sens furent remises à tous les officiers qui vinrent du champ de bataille chercher des ordres près de lui. Le mouvement s'effectua dans la nuit même par la garde impériale d'abord, puis avant l'aube les positions si chèrement maintenues d'Amanvilliers et ensuite de Montigny durent être évacuées; l'ennemi ne l'espérait sans doute pas, car il n'y parut que bien tard le lendemain.

Les trois journées du 14, du 16 et du 18 août furent conduites, la première par le général Steinmetz, la seconde par le prince Frédéric-Charles, la troisième par le roi de Prusse en personne, avec une unité de méthode remarquable. Cette méthode consiste à dissimuler son approche en cheminant surtout à travers bois avec un art particulier, tandis que quelques escadrons reconnaissent l'ennemi et escortent, jusqu'à des positions bien étudiées, les premières batteries d'attaque. Cette artillerie, par un tir intelligent, force toutes nos troupes à se déployer et toutes nos lignes à s'accuser. Le combat s'engage et se prolonge ainsi : le résultat est de faire brûler nos munitions et d'affaiblir le soldat d'infanterie par cette sorte de prostration que donne l'inaction sous le feu. Pendant cette période du combat il n'est pas mal aisé de faire ployer telle ou telle partie du front prussien ; mais les forces réelles de l'assaillant sont tellement dissimulées qu'on ne sait vraiment où porter son effort, et qu'on laisse ainsi arriver insensiblement l'heure où il croit devoir produire le sien. Ce moment-là est précédé comme d'une pause de ralentissement dans le feu, grâce à laquelle notre soldat se croit vainqueur ; mais pendant cette pause des fanaux de signal étincellent et se répondent dans les quartiers généraux prussiens, et soudain se produit avec un ensemble remarquable l'effort violent d'une artillerie et d'une infanterie fraîches ; les colonnes d'attaque sont profondes, solides, audacieuses, ou du moins lancées avec audace. — Là se montra chaque fois la valeur de nos troupes ; nulle part elles ne cédèrent devant ces attaques, elles les arrêtèrent par leur feu, les chargèrent à la baïonnette, et les firent reculer brisées et incapables d'un nouvel effort ; là furent les grosses pertes des Prussiens.

Le 19 août au matin toute l'armée du Rhin était rentrée dans l'enceinte des forts encore inachevés de Metz, où le général commandant la place peignait ainsi la situation : « Je n'ai pas de campe- « ment, pas d'approvisionnements, pas de muni- « tions, pas de farines pour faire du biscuit, pas de « poudre pour faire des cartouches, et il ne m'en « reste que seize cent mille ; il semble que nous « ayons été surpris dans une paix assurée par une « invasion impossible à prévoir. » L'opinion du gé- néral était avant tout que nous devions couvrir la place de Metz, et y attendre les événements exté- rieurs sans essayer davantage de tenir la campagne.

Les choses se passèrent ainsi en effet, et du 19 au 26 l'armée du prince Frédéric-Charles, qui resta pour nous garder, put en toute tranquillité asseoir le blocus de Metz sur des lignes de circonvallation tracées sans retard et fortifiées sans relâche. Le 26 l'armée française reçut ordre de passer sur la rive droite de la Moselle et de présenter la bataille à l'en- nemi sur les plateaux supérieurs. Cette opération, exécutée sans préparation ni direction, se réduisit à

une corvée sous une pluie battante d'un fâcheux effet pour les troupes, dont une partie resta sur la
rive droite, l'autre reprit ses camps. — Quelques
jours s'écoulèrent encore ainsi sans qu'une seule
reconnaissance inquiétât les travaux que les Prussiens poussaient avec un redoublement d'activité.
Puis le 31 la démonstration du 26 fut renouvelée
sur le même terrain et avec la même absence de direction préparatoire. A midi cependant les troupes
se massaient sur le plateau qui s'étend de la route
d'Allemagne à la vallée de la Moselle. Le maréchal
commandant en chef donna alors aux commandants
des corps d'armée les instructions suivantes : son
but serait de percer avec toute l'armée sur Thion-
ville, mais en s'emparant d'abord de la position de
Sainte-Barbe, qui commande tout le pays; à cet effet le 4e corps aborderait de front les villages retranchés qui en sont comme les cornes vers Metz,
après que le 3e corps l'aurait tournée vers la droite,
et le 6e par la gauche; le 2e et la garde formaient
réserve.

Les dispositions du combat furent longues à
prendre, car à quatre heures seulement l'attaque
commença, et il restait trop peu d'heures de jour
pour l'exécution d'un si vaste mouvement. Aussi
rien de semblable au programme ne s'effectua. Le
maréchal Bazaine, n'ayant pu faire sortir à temps le
3e corps de son immobilité, donna au 4e corps
l'ordre de commencer quand même l'attaque de

front ; le 3ᵉ se mit à ce moment en mouvement, mais sa marche, plutôt parallèle que tournante, fut arrêtée longtemps par la résistance d'un village intermédiaire, puis par une artillerie considérable. Le 6ᵉ corps avança peu.

Le soleil allait se coucher lorsque la réserve d'artillerie de notre armée ouvrit un feu vraiment magistral, sous lequel la redoutable artillerie de l'ennemi sembla plier. La charge bat alors sur tout le centre de notre front, toutes les lignes s'y ébranlent à la fois, l'ennemi recule, et les vergers des villages fortifiés sont enlevés à la baïonnette.

La nuit nous arrêta ainsi, plus victorieux dans l'ivresse de nos cœurs que dans la réalité, car les défenses avancées de l'ennemi étaient seules tombées, et ses troupes s'étaient massées dans des positions plus fortes et mieux préparées encore en arrière des villages abordés. Cette nuit s'écoula d'abord en luttes partielles et corps à corps dans les jardins et dans les rues même : on entendait les musiques prussiennes jouer des fanfares, puis soudain elles étaient enlevées par nos éclaireurs tapis dans l'obscurité au milieu des troupes ennemies.

Malheureusement ces braves gens n'étaient pas reliés entre eux ni surtout en arrière avec les lignes, que l'épaisseur de l'obscurité avait forcées à s'arrêter sans qu'elles pussent se rendre compte du terrain. Le matin venu, nos tirailleurs se retirèrent sans bruit dans le brouillard, et les Prussiens marchèrent vi-

3

goureusement à la reprise de quelques-uns des points qu'ils avaient perdus la veille.

Cette tactique ne leur réussit pas d'abord, et nous reprîmes à notre tour l'offensive en ouvrant le feu de l'infanterie, mais sans lancer de colonnes d'attaque. Chacun sentait qu'il n'y avait plus chance pour l'armée de percer les retranchements prussiens, alors que la nuit avait permis à l'ennemi de réunir ses forces sur le point attaqué, et que ce point, réellement formidable par la nature et par l'art, était loin désormais d'être menacé d'un mouvement tournant : car notre aile droite, se serrant sur le centre, était contenue par les mêmes résistances, et notre aile gauche, qui n'avait pas même essayé d'aborder son objectif de Malroy, était plutôt refusée.

Aussi le combat mollit-il insensiblement sur tout le front, comme d'un accord tacite entre les deux armées; mais grande fut la surprise de la plupart lorsque vers dix heures on apprit qu'à notre extrême droite une division du 2e corps (la seule de ce corps qui fût engagée) battait en retraite, et que, faute d'être soutenue, elle découvrait le 3e corps et entraînait ses divisions à l'imiter de proche en proche. — « Je m'y attendais », répondit simplement le maréchal commandant l'armée à l'annonce de ce fait, et il donna l'ordre général de retraite.

Cette retraite s'exécuta avec un calme et une précision de mouvements remarquables sous le feu de l'ennemi, qui d'ailleurs ne sortit guère de ses retranchements, et renvoya ostensiblement les troupes des cantonnements éloignés qu'il avait dû dégarnir.

Les forces françaises reprirent également les bivacs qu'elles avaient laissés sous garde la veille, et l'armée sembla renoncer à sortir du camp de Metz après cette tentative ou cette démonstration, qui lui avait coûté environ 4,000 hommes.

Le chiffre total de nos pertes dans les cinq journées de combat des trois dernières semaines avait été d'environ 38,000 hommes, dont une petite partie était restée dans les ambulances neutralisées des champs de bataille que nous avions cédés; la plus grande partie était à Metz, où le dévouement des citoyens lutta contre les inconvénients de l'encombrement. Outre ses blessés et ses malades, l'armée mit dans Metz une garnison, et l'effectif disponible descendit ainsi de 150,000 à 100,000 hommes.

Tandis que le mois d'août avait suffi pour voir se changer en blocus la concentration à Metz de l'armée du Rhin, il avait été mis à profit par le gouvernement impérial pour reconstituer, avec les corps d'armée Mac-Mahon et de Failly, les bataillons de dépôt, les troupes de la marine, etc., une deuxième armée d'à peu près même effectif que la première, quelque cent cinquante mille hommes. Il semblait naturel que cette faible masse restât sous Paris à se grossir du reste des ressources militaires de la

France, mais l'ébranlement du trône causé par les premiers revers de la guerre détermina le gouvernement à préférer les chances d'une lutte en rase campagne contre l'armée allemande. Cette lutte, nous ne l'avons connue à Metz que tardivement par les récits des prisonniers échangés à nos avant-postes, mais elle se termina par le désastre militaire le plus accompli que l'histoire moderne eût encore enregistré.

Le roi Guillaume déclara qu'il avait frappé ce coup avec 230,000 hommes ; il en avait laissé presque autant devant Metz ; le reste de ce qui avait passé les frontières assiégeait les places ou gardait les communications.

Les événements politiques qui suivirent la capitulation de Sedan furent portés à la connaissance de l'armée du Rhin par l'ordre général suivant, en date du 16 septembre :

ORDRE GÉNÉRAL, N° 9.

« D'après deux journaux français des 7 et 10 sep-
« tembre, apportés au grand quartier général par
« un prisonnier français qui a pu franchir les li-
« gnes ennemies, l'empereur Napoléon aurait été
« interné en Allemagne après la bataille de Sedan,
« et, l'impératrice ainsi que le prince impérial ayant
« quitté Paris le 4 septembre, un pouvoir exécutif,

« sous le titre de Gouvernement de la Défense na-
« tionale, s'est constitué à Paris.

« Les membres qui le composent sont :

« MM., etc. . . . .

« Généraux, officiers et soldats de l'armée du
« Rhin, nos obligations militaires envers la patrie
« en danger restent les mêmes. Continuons donc
« à la servir avec dévouement et la même énergie,
« en défendant son territoire contre l'étranger, l'or-
« dre social contre les mauvaises passions. Je suis
« convaincu que votre moral, ainsi que vous en avez
« déjà donné tant de preuves, restera à la hauteur
« de toutes les circonstances, et que vous ajouterez
« de nouveaux titres à la reconnaissance et à l'ad-
« miration de la France. »

Cette communication faite officiellement à l'armée
sur les destinées politiques du pays n'a été suivie
d'aucun autre acte du même ordre, sauf un com-
muniqué dans le même sens à la presse locale, du
13 octobre. Cette presse a d'ailleurs été laissée généralement libre de reproduire les numéros des
journaux français ou étrangers que les affaires
d'avant-postes firent parfois tomber entre nos
mains. C'est ainsi seulement que nous avons eu
connaissance de la première circulaire du nouveau
ministre des affaires étrangères, de la convocation
électorale pour le 16 octobre, et de la résistance de
Paris devant les armées allemandes. — Nous avons

3.

su de plus, par les termes mêmes d'un ordre spécial, que le général Bourbaki était parti de Metz le **24** septembre en mission. Depuis ce fait que les circonstances doivent élever à la hauteur d'un événement, puisqu'il établit un lien entre nous et la patrie, des sorties vigoureuses nous ont été ordonnées sur toute la ligne de nos avant-postes. Ces opérations, souvent sanglantes, — une seule nous a coûté plus de 1,100 hommes, — ont toutes été honorables pour nos armes, mais elles n'ont pourtant jamais forcé les lignes retranchées des Prussiens ; ceux-ci, en représailles, ont incendié les villages où nous avions ainsi été fourrager.

Le caractère violent qu'a pris le blocus du camp de Metz exclut dès lors toute chance de communication avec l'extérieur. Cette souffrance de l'isolement n'est pas d'ailleurs la seule que le blocus entraîne, car les privations matérielles s'y font sentir chaque jour davantage ; la ration de pain, trop brusquement réduite, est cruellement insuffisante ; les fourrages manquent absolument, et les chevaux périssent en plus grand nombre que la consommation de la ville et des troupes ne peut les utiliser. Au résumé, les conditions de l'armée sont celles d'une troupe sans chevaux, dès lors sans canons, et affaiblie par une nourriture insuffisante, qui d'ailleurs est près de lui manquer absolument. Quant aux conditions morales, elles sont plus difficiles à définir et à retracer.

Sans revenir sur les phases successives de la campagne, ce qui donna, après sa vaillance réelle dans les combats, le trait caractéristique du moral de l'armée française, ce fut son indifférence apparente devant les grands événements contemporains du blocus de Metz, événements où pourtant tout fut en jeu, l'honneur du drapeau, le sort d'une dynastie et d'un souverain acclamés naguère, l'avenir du pays. Sans doute les coups de la fortune qui ont frappé ces grandes choses n'ont pas été sans retentissement dans tous les cœurs ; mais comme l'impression ne pouvait se traduire en action, et que rien dans les conditions de notre existence journalière n'en était changé, les sentiments restèrent sans explosion et parurent sans profondeur. Nous ne sommes plus de ces hommes que les idées abstraites passionnent, mais de ceux que les tendances d'une certaine civilisation ont ramenés par la surexcitation des appétits à la prédominance des instincts. Ainsi, celui qui, écrivant la relation de la campagne actuelle, voudrait déduire de ses grands faits l'histoire intime de la principale armée française, celui-là serait dans un singulier désaccord avec l'observateur local de cette armée.

Dans les jours qui suivirent notre retraite du 19 août sur Metz, le commandement resta muet, l'officier sombre, le soldat terne, chez beaucoup l'œil effaré. Troubler les Prussiens dans la construction de leurs circonvallations, nul n'y songeait davantage qu'à prendre semblable peine pour se garantir des coups qu'ils ne se hasardèrent d'ailleurs pas à nous porter. — Le 31 août la victoire nous toucha de son aile, et le lendemain, quand sonna la retraite, quelques-uns pleurèrent, tandis que d'autres faisaient en riant le café sous le feu ennemi. Puis arrivèrent les douloureuses nouvelles des désastres qui s'étaient accomplis à Sedan pendant ces deux jours-là, mais ces nouvelles ne modifièrent la physionomie de nos camps qu'en une chose : les formes de la discipline disparurent complétement, comme déjà ses liens s'étaient relâchés; le prestige du commandement tombait devant le soldat par la chute misérable du souverain. Dans les cadres on n'en parut ni plus surpris ni plus ému; les uns firent silencieusement leurs petits calculs d'ambition; la masse fut insouciante, car l'esprit moderne de désaffection de l'autorité l'a depuis longtemps gagnée; en revanche, beaucoup d'officiers qui n'eussent jamais cru se trouver dans une ligne politique commune se rencontrèrent non-seulement dans leur douleur patriotique, mais dans la résolution énergique de se vouer, aussitôt la paix recouvrée, à la résurrection de l'esprit militaire dans le pays et à la rénovation de l'armée.

Au résumé, le désastre de Sedan n'a point ébranlé notre armée, mais a mis en lumière à la fois sa solidité et son apathie morales. Depuis ce temps, les jours de blocus se sont écoulés sans modifier sensiblement ce double aspect : nous savons que l'adversaire, qui depuis notre concentration n'a jamais réussi en rase campagne à nous entamer, ne tentera pas, malgré les provocations journalières de nos sorties, de forcer notre camp retranché; mais nous ne nous sentons plus en condition d'échapper aux lois de la famine, car pour cela il faudrait que des soldats affaiblis, sans artillerie, sans transports, pussent se frayer une issue à travers des lignes de circonvallation continues et triples, occupées par sept corps d'armée. Les connaissances militaires ne permettent pas de tenter avec quelque espoir une semblable opération; la perfection de l'armement apporte dans la guerre moderne un coefficient trop puissant à l'inégalité des conditions de lutte. D'ailleurs l'armée du Rhin, en consommant jusqu'au dernier jour les approvisionnements de la place et des forts de Metz, aura lié à son propre sort celui de cette cité et de toute la Lorraine, en même temps qu'elle y a arrêté pendant deux mois le tiers des armées d'invasion.

Quel que soit le dernier jour de l'armée du Rhin, que ce jour nous trouve encore unis dans la conscience et le respect du devoir! Si des menées inverses se produisaient parmi nous, comme les tressaillements inconscients de l'agonie, nous en flétririons les fauteurs intéressés, nous en dissuaderions les dupes sincères. Nous croyons que Dieu, qui nous éprouve, nous permettra pourtant de conserver à notre armée la loyauté qui fait la dignité dans les revers, et dont la tradition est notre seul espoir pour l'avenir de la France !

Ce 16 octobre 1870.

I I I

Aix-la-Chapelle, ce 14 novembre 1870.

L'armée de Metz, bloquée par la deuxième armée allemande, a mis bas les armes lorsque les vivres lui ont manqué, et ce désastre militaire, en renouvelant celui de Sedan, a dépassé les exemples de l'histoire et les rêves les plus audacieux. Néanmoins la France, sans armée comme sans gouvernement réguliers, continue la lutte, et ses anciens soldats prisonniers ne peuvent même se rendre compte des conditions de cette lutte. — Cette ignorance du sort de notre pays, l'impuissance à le servir, la pensée que nos plus proches ont encore l'honneur d'y porter les armes dans une résistance désespérée, ces sentiments-là sont si poignants que nous oublions sous leurs étreintes nos propres et multiples épreuves. — Mais il est une souffrance qui devrait nous être épargnée, et qui pourtant nous poursuit et nous atteint encore : des compagnons d'armes, se faisant comparses du journalisme le plus inconsidéré, ne nous apportent comme échos de la patrie voilée que des injures contre nos chefs, injures dont le poids retombe sur nous tous. Tantôt on nous fait honte de nos drapeaux restés, mais avec nous, aux mains de l'ennemi, sans se rappeler que pas un d'eux ne nous a été enlevé sur tant de champs de bataille où nous les avons portés ; tantôt on nous reproche tout ce qui restait de sang dans les veines de nos soldats au jour où leurs armes tombèrent, comme si tant de ce sang n'eût coulé auparavant, comme si ce qui en reste n'eût pas, à le voir si appauvri par la faim et par la rigueur des bivacs, excité la pitié de nos vainqueurs eux-mêmes.

Ces récriminations, — le plus souvent intéressées, — nous rappellent les épreuves morales des derniers jours du blocus, alors que beaucoup, semblant s'éveiller tout à coup en face d'une situation nouvelle, appelaient à grands cris un combat pour l'honneur des armes, et ne voulaient pas comprendre qu'il y eût plus de dignité à se résigner aux lois de la guerre qu'à s'y dérober par un subterfuge politique, ou bien qu'à les défier un instant en sacrifiant le soldat à une fanfaronnade dangereuse pour son honneur, et d'où la patrie n'avait à recueillir

que des larmes. Les voix qui eussent pu précipiter
ainsi les restes de l'armée dans des aventures également funestes étaient ou bien de celles à qui la
réflexion n'avait jamais donné de poids, ou bien
celles d'hommes qui ne sont appelés à prendre
qu'une part lointaine aux combats : l'ignorance leur
était ainsi une commune excuse, et nous leur par-
donnions, nous qui avions le courage plus difficile
d'appeler malhonnêtes tous les expédients d'évasion,
qui, au dommage de la patrie, eussent fait de ses
soldats ou des prétoriens ou des gladiateurs.

Nous réussîmes, — car nous avions réussi d'abord
dans nos cœurs à faire céder les instincts ardents
ou les traditions chevaleresques à la froide raison
et à la conscience du devoir, — nous réussîmes à
sauver la discipline d'une belle et malheureuse armée; l'ennemi, qui a proclamé sa valeur, s'émut devant les adieux entre officiers et soldats, le jour où
nous nous séparâmes de nos troupes, mais pour
partager le même sort. Ah ! ils n'ont pas conduit ce
deuil-là, ceux qui viennent aujourd'hui par leurs
bruyantes invectives appeler la déconsidération sur
ce métier des armes dont ils prétendent représenter
l'honneur ! Ils n'ont pas conduit ce deuil-là, car ils
y auraient appris de nos malheureuses troupes plus
de dignité, de nous plus de respect de la loi. Nous
qui avons déposé les armes avec nos soldats, comme
nous les avions portées avec eux, dans le sentiment
du devoir, nous n'avons pas honte d'avoir préféré

4

l'exil avec ces soldats, la pauvreté, et le mal le plus cruel de tous, le mal du pays, — et d'un pays qui se bat encore. Recueillis dans le silence, nous recherchons plus profondément que dans les déclamations les causes de nos maux, songeant aux principes plus qu'aux personnes, et nous rappelant que sur la terre étrangère nul citoyen n'a le droit de prononcer un jugement, pas plus que nul souverain n'a celui de signer un pacte.

Prisonniers de guerre, nous nous taisons; mais nous ne reconnaissons pas le droit de parler au nom de l'armée à ceux de nos compagnons d'armes qui sont rentrés sur le sol français en dehors du droit des gens de guerre : les uns en s'éloignant d'un champ de bataille tandis qu'on y combattait encore, les autres en violant la parole soit de ne plus servir, soit de rester prisonnier; d'autres enfin en acceptant le bénéfice des stipulations courtoises d'une capitulation pour se soustraire à son exécution; — tous en oubliant que le domaine de l'honneur n'a pas de frontières politiques, mais d'infranchissables barrières. Il ne nous appartient pas de rechercher quelle part ont eue à leur détermination le patriotisme, l'ambition ou la pauvreté; il nous est surtout interdit d'infirmer par une protestation prématurée l'autorité nécessaire à ces officiers qui ont ainsi recouvré des armes en laissant les souffrances de notre captivité accrues par la déconsidération de la loyauté française. Mais il y a là un signe

que nous devons recueillir pour en déduire plus
tard le principe de nos efforts politiques : nous
nous rappellerons combien les lois développées
lentement à travers les siècles par la civilisation
sont vite exposées à disparaître sous un retour aux
mœurs de la barbarie, lorsque dans une armée à
renom jadis chevaleresque se sont affaiblis l'étude,
la réflexion et l'esprit militaire.

Il faut le reconnaître, la faiblesse organique de
l'armée régulière, l'inhabileté de ses luttes suivies
de désastres sans mesure, enfin, dans l'infortune,
l'oubli des bienséances poussé par quelques officiers
jusqu'à la félonie, — tels sont les vices que la
guerre de 1870 aura mis en lumière chez nous à
côté de qualités réelles.

Heureusement pour la France, les qualités de son
armée tiennent à notre sang même; ses vices, au
contraire, proviennent d'un esprit d'erreur qui a
abaissé nos mœurs, mais qui n'est inhérent à aucune famille humaine, et qu'il est dès lors possible
de faire reculer en son principe, et d'atténuer en ses
effets, par des efforts réfléchis.

Seulement les vices, dont avec l'aide de Dieu
nous triompherons, ont pris de telles racines dans
nos rangs, et peuvent être tellement favorisés encore par le désordre d'une crise violente, qu'un licenciement général de l'armée est la condition préliminaire absolue de toute réforme militaire. Ce
licenciement, dont le mode peut être successif, et

dépendra des circonstances, s'impose comme une nécessité en dehors même de la question de principes : car les cadres considérables créés pour la lutte se trouveront hors de toute proportion avec le besoin normal et surtout avec les ressources du pays; et puis ces cadres auront été recrutés d'éléments trop divers pour pouvoir fonctionner sans se briser ou se fausser rapidement dans l'œuvre ardue et délicate de la reconstitution de notre malheureuse armée.

Enfin la question même des armées permanentes va se poser à la suite de ces fastes militaires, qui fourniront aux écoles politiques les plus opposées des arguments d'une notoriété éclatante. Il est à désirer que cette querelle d'école descendue ainsi sur le terrain des faits n'y soit pas étouffée, mais vidée par l'étude expérimentale et jugée par la réflexion.

Une liquidation générale des services militaires sera la première œuvre qui s'imposera, sitôt la paix faite, au gouvernement français, afin que les hommes liés à l'État par le contrat des lois militaires antérieures ne se voient pas rejetés en dehors de la constitution nationale, et qu'en même temps leurs droits, en continuant à courir, ne deviennent pas une charge écrasante pour le pays, et un premier obstacle à toute transformation de ses institutions. Cette liquidation consistera, comme toute opération de ce genre, d'abord en un contrôle des titres officiels de ces créanciers moraux de l'État, ensuite en un examen de la conduite militaire que chacun d'eux aura tenue. Un pareil travail n'a rien d'exorbitant; il se fait tous les ans dans les inspections générales; il sera plus simple cette fois, puisqu'il ne s'agira pas de classer des mérites, mais principalement d'examiner des mutations. La juridiction régulière sur ces questions appartient aux conseils d'enquête, tels qu'ils sont institués par nos lois, et, quant aux débats d'un ordre général, il est aussi dans nos traditions les plus heureuses de les porter devant un conseil supérieur de la guerre.

Au-dessus de ces tribunaux, qui sont la protection du devoir contre l'intrigue, et par là même de l'intérêt général contre les appétits individuels, au-dessus de ces tribunaux apparaîtra bientôt celui de l'histoire; en peu de temps elle répandra sur tous les détails de la lutte savante de nos ennemis une lumière inconnue dans les chocs sans art. Alors les vaincus en appelleront à son témoignage aussi bien que les vainqueurs : elle dira si ceux auxquels le sort des armes a donné pour tombeau la terre natale ou pour prison le sol étranger ont été des soldats indignes de la France, ou bien des victimes de ses erreurs et de sa longue indifférence.

D'ici à ce que nous soyons tous jugés, — chacun de nous par ses pairs, notre armée par le monde entier, — d'ici à ce jugement, qui peut seul fournir des assises solides à de nouvelles institutions militaires, notre devoir est d'en attendre l'heure en étudiant nos maux, afin d'être prêts à profiter de ses leçons. Il est plus noble d'examiner sa conscience que de se décerner des palmes en jetant aux autres la pierre ; il est plus honnête d'étudier que de professer sans savoir ; il est plus utile de fixer dans un modeste écrit la trace de ce qu'on a observé pendant la tempête que de lancer aux vents des systèmes gonflés de la légèreté française, qui nous a coûté si cher.

Attachons-nous donc à définir, dans le tableau général dont nous venons de retracer les lignes, quels aspects nous ont présentés les divers éléments de l'armée dans leur valeur intrinsèque, leur action, l'ensemble de leur jeu, et l'esprit qui les animait pendant la première phase de la mémorable campagne de 1870.

IV

Je vais parler d'une troupe qui constitue surtout notre force militaire, et qui montre plus que toute autre notre caractère national, d'une infanterie que je n'ai vue sur aucun champ de bataille reculer devant une attaque, rester sourde à la sonnerie de la charge, ou hésiter à suivre le chef qui veut l'entraîner. — Ce n'est cependant pas pour lui rendre cet hommage que je me propose d'en parler, mais pour dire que son éducation militaire l'a laissée dans cette dernière campagne au-dessous de ce qu'on peut attendre d'un sang si généreux, puis que son emploi a souvent été aussi sujet à critique que son éducation. D'abord, elle est trop chargée pour pouvoir marcher alerte sans s'égrener le long des routes, et se livrer alors à cette humeur maussade qui est si fâcheuse chez le soldat. La diminution de la charge serait facile à obtenir aux dépens des effets de rechange, qu'il est maintenant aisé de se procurer par les chemins de fer, et souvent même sur le pays. Ensuite, l'infanterie n'est pas rompue à marcher, et sa marche n'est pas cadencée uniformément par des pauses réglementaires facilitées par des distances entre chaque régiment en route; c'est encore là une cause de fatigue, de murmures contre les chefs, et d'allongement dans les colonnes.

Si maintenant nous passons de la marche au combat, nous remarquons combien le fusil Chassepot est bon par sa légèreté et sa portée, mais combien il est mal manié faute d'une instruction suffisante chez le fantassin : il n'y a presque pas de garnisons en France qui possèdent un champ de tir assez long pour y développer le jeu de la hausse, si bien que beaucoup d'hommes n'en comprennent pas l'usage; de plus, le manque de calme et d'attention avec lequel est prodigué le feu à volonté amène aisément une troupe à ne pouvoir plus, au bout de deux heures, faire usage de ses fusils encrassés, et à n'avoir plus de munitions; la plupart des hommes ont réellement brûlé leurs cartouches dans une excitation nerveuse qui exclut tout effet utile ; d'autres les ont jetées pour avoir une raison de quitter le terrain du combat. — On avoue plus aisément ces taches-là quand on peut comme nous leur opposer le contraste de valeureux officiers obtenant sous une grêle d'obus l'exécution de salves à commandement, ou dirigeant si bien le feu individuel de leur troupe qu'il produisait des effets foudroyants.

Enfin, un vice marqué de notre infanterie, c'est le nombre démesuré de ses non-combattants, les uns prélevés régulièrement du rang par les différents services qui y puisent tous, d'autres exemptés par des abus individuels de marcher au combat, d'autres enfin, — et dans une proportion énorme, — ne combattant pas, tout simplement parce qu'ils ne veulent pas combattre, et que la discipline n'est pas assez ferme pour les maintenir dans le rang. Un régiment conduit au feu commence à fondre à chaque accident de terrain, à chaque buisson qui permet de s'embusquer ; puis, dans la zone du combat, des hommes frappés d'épouvante se laissent tomber et restent sur le sol comme des cadavres, sauf qu'ils ont la face contre terre ; bientôt une foule de soldats, sous prétexte de relever les blessés, leur fournit des escortes nombreuses pour déserter le champ de bataille ; d'autres enfin s'en vont sans tant de prétexte, et sont impossibles à ramener au combat une fois qu'ils ont échappé à l'action de leurs officiers particuliers. Tous ces hommes ne sont pas précisément des fuyards, ils n'en ont pas la précipitation ; mais ce sont des non-combattants. Il est aisé de se rendre compte de leur nombre lorsqu'une ferme ou un abri de ce genre fait partie des positions; il devient bien inutile d'y jeter une troupe pour l'occuper, car une garnison volontaire et nombreuse s'y est bientôt constituée.

Il est très-important de remarquer que cet abandon du rang se produit surtout sur les derrières des troupes engagées, et beaucoup plus dans les deuxièmes lignes tenues immobiles sous le feu de l'artillerie que dans la première ligne qui combat; en fait de combattants, il n'y a plus guère après quelques heures que des hommes de bonne volonté, et alors leurs rangs respirent réellement l'intrépidité.

Le manque d'action des cadres sur le soldat pour le maintenir au feu provient en partie de notre système actuel de faire coucher les troupes toutes les fois qu'elles doivent conserver une position sous le feu. Dans ces conditions la surveillance des officiers, couchés eux-mêmes, devient très-difficile; leur exemple et leur action n'existent plus; chez les hommes, la fatigue physique et morale produit une torpeur somnolente dont il est ensuite malaisé de les faire sortir pour les porter en avant ou pour repousser une attaque. Sans doute il peut être nécessaire de conserver certaines positions battues par le feu de l'ennemi, mais alors il vaudrait souvent mieux y rechercher la protection de tranchées rapidement exécutées, malgré l'obstacle qu'elles mettent au tir horizontal, que de se maintenir ainsi

couchés dans de mauvaises conditions de défense.
Par contre, toutes les fois qu'une position ne méri-
terait pas d'être fortifiée et serait violemment battue
par le feu, il serait mieux de manœuvrer que d'y
tenir des troupes immobiles.

Mais dans cette campagne ç'a été la règle d'employer l'infanterie sur la même ligne que les batteries, les encadrant sans les déborder ni se défiler
du feu qu'elles attirent. Les Prussiens se gardaient
bien de procéder ainsi : ils poussaient leurs batteries en avant, sans montrer leurs troupes de soutien, et ne dépensaient guère leur infanterie que
derrière des retranchements ou dans des colonnes
d'attaque ; dans ces attaques, il est vrai, les troupes
allemandes perdaient en quelques minutes plus que
les nôtres en toute la journée. Nul doute que, si
les officiers ennemis avaient eu dans leurs soldats
la confiance qu'inspire l'élan des nôtres, ils n'auraient comme nous conduit leurs attaques qu'en
tirailleurs en grande bande.

Mais que ne profitions-nous davantage de l'audace plus grande de nos tirailleurs pour les lancer,
à l'inverse de la tactique prussienne, très en avant
de nos batteries, sur les contre-pentes, d'où ils auraient pu incommoder victorieusement l'artillerie
opposée, en se maintenant dans la zone où la
portée est trop courte pour le tir courbe des obus,
et pourtant trop longue encore pour le fusil prussien ! Seulement, pour exécuter heureusement cette

tactique, il faut un rare coup d'œil chez les chefs, et autant de mobilité que de solidité chez la troupe.

Avant de fermer ces notes sur l'infanterie, il faut constater, d'après tous les récits, que ses corps d'Afrique, de la marine et de la garde ont montré une intrépidité vraiment hors ligne, et ont ainsi témoigné de la supériorité d'un recrutement plus âgé et aguerri sur des troupes plus jeunes.

V

L'artillerie est l'arme qui a joué le rôle principal dans la campagne de 1870. Jamais les troupes françaises n'avaient rencontré un feu aussi violent ni aussi habile que celui qui les étreignit sur tous les champs de bataille. L'excellente artillerie allemande était en proportion organique supérieure à la nôtre, ce qui rendait plus sensible encore l'inégalité de nos forces contre celles auxquelles nous avons dû constamment nous mesurer. Dans toutes ces luttes, l'esprit de l'arme, sa valeur, sa discipline, ont été au-dessus de l'éloge dans l'armée française; son emploi et surtout sa puissance ont laissé à désirer.

Aux grandes distances où s'engageait le combat, l'infériorité de portée et de justesse de nos ca-

nons de bronze contre les pièces en acier à charge-
ment par la culasse a été aussi manifeste que l'on
devait s'y attendre, en raison du forcement des projectiles à enveloppe de plomb des Prussiens. Cette
infériorité de portée a été rendue plus sensible encore par l'éclatement fréquemment prématuré de
nos obus, tandis que les fusées percutantes des
obus tirés sur nous ne donnaient que peu de ratés.

De plus, les batteries prussiennes, se portant isolément sur le champ de bataille, y choisissaient des
positions parfaitement défilées, ou bien en terrain
découvert disséminaient leurs pièces avec des intervalles énormes, et souffraient ainsi très-peu des
batteries opposées. Chez nous, l'artillerie, liée trop
intimement à l'infanterie, n'avait plus au même
degré ni le choix des positions, ni l'espace pour
ses intervalles, ni la liberté de ses mouvements.
Pourtant, si quelque chose devait compenser l'infériorité de puissance de nos pièces de quatre, c'était
leur extrême mobilité, dont elles eussent dû user
pour ne pas permettre à l'ennemi de régler son tir
contre elles.

Nos batteries de mitrailleuses se montrèrent plus
mobiles, et parce qu'elles devaient redouter davantage pour leurs pièces délicates les coups de précision, et parce qu'elles étaient sans cesse appelées
sur tous les points menacés du champ de bataille.
Mais leur emploi dans ces conditions ne fut pas suffisamment judicieux, ni conforme aux règles si

claires de l'instruction spéciale. On oublia trop
qu'autant le tir bien réglé d'une batterie de mitrailleuses est irrésistible contre une batterie à bonne
portée ou contre une masse de troupes, autant il est
vain contre des tirailleurs ou sur des terrains où la
chute de la nappe de projectiles n'est pas assez sensible pour permettre de rectifier l'appréciation des
distances. Nos mitrailleuses étaient des instruments
de précision qui demandent à être maniés avec art,
égarés dans une armée où le combat était souvent
conduit sans art et soutenu sans précision. Aussi là,
comme pour le fusil de l'infanterie, l'habileté de
l'emploi ne répondit pas à la perfection de l'arme
et aux espérances légitimes qui s'y attachaient.

Mais, redisons-le encore, malgré toutes ces causes
essentielles ou accidentelles d'infériorité, nos batteries ont soutenu des luttes sanglantes sans mollir
une seule fois, sans qu'une seule faiblesse fût à y
relever, et notre malheureuse armée se souviendra
toujours avec respect et reconnaissance de sa vail-
lante artillerie.

Il y a là un nouveau témoignage de la valeur que
développent chez la troupe une instruction militaire
suivie, la distinction des cadres, et l'esprit de corps
qui en résulte.

Si la valeur de nos artilleurs ne suffit pas à nous
assurer la supériorité dans les combats, cela ne tint
pas seulement à la qualité de l'artillerie des Allemands, mais surtout à la manière dont ils l'em-

ployèrent comme arme principale sur les champs de bataille.

Tandis que nous étions durant de longues heures sous l'action de ces feux, notre pensée était ramenée, à ce chapitre des institutions militaires de Marmont, où l'empire du monde est promis au général qui le premier saura employer ainsi l'artillerie à projectiles éclatant. Cette artillerie venait de naître au moment où l'éminent maréchal ouvrait cet horizon aux méditations de ses successeurs ; elle semble aujourd'hui accomplir les destinées que nous révéla inutilement cette grande voix sortie pourtant de nos rangs.

V 1

Jamais, sans doute, la cavalerie française ne pré-
sentera plus vaillantes dispositions ni aussi bel
aspect qu'à l'ouverture de cette campagne où elle
trouva son tombeau. Remontée à plus de frais
qu'aucune cavalerie continentale, nombreuse, et
décidée à venger le reproche d'inutilité coûteuse
qu'on lui avait adressé à la suite des dernières
guerres, elle sentait que le pays avait les yeux fixés
sur elle, et elle mérite encore, au lendemain de cette
lutte désastreuse, la reconnaissance de ce pays, et
l'attention de tout ce qui, dans le monde entier,
cherche à porter l'étude dans les choses de la
guerre.

Hélas! il est aisé de formuler d'avance le juge-

5.

ment que rendront sur notre cavalerie tous les écrivains militaires : ils diront que tout ce que pouvait
la vaillance, elle l'a fait; que tout ce que voulait l'art,
elle l'a ignoré.

Nulle part peut-être le mal de notre temps, l'absence de principes dans le gouvernement des choses,
n'a été aussi saillant que dans cette récente histoire,
qui ne compte que des deuils, et qui s'ouvre par
des luttes morales pour se terminer par les désastres généraux sur lesquels elle apporte sa grande
part de lumière.

Peu de temps avant la campagne de 1870, des
publications ministérielles avaient assigné à la cavalerie une organisation de guerre renouvelée des
temps de la première République française, où la
division composée de toutes armes avait paru une
excellente forme de l'unité stratégique. L'instruction donnée aux régiments de l'arme n'avait d'ailleurs pas été modifiée avec cette modification de son
emploi, et était restée celle que rédigèrent après les
grandes guerres de l'Empire les généraux qui l'y
avaient maniée tout autrement que sous la République, c'est-à-dire en grandes masses.

Les publications ministérielles venaient bien de
condamner en principe ces masses, de parler de
reconnaissances au loin, de *reads* sur les derrières
de l'ennemi, de jeu combiné avec celui de l'artillerie, d'éclaireurs couvrant les retraites, etc... Mais
tous ces développements allaient disparaître dans

la confusion des esprits, lorsqu'on ne verrait point l'organisation, à laquelle ils se rattachaient au moins par leur contemporanéité, déterminer la formation de l'armée pour la guerre, mais bien les errements qui avaient été condamnés à la suite des campagnes d'Orient et d'Italie. Ainsi se trouvèrent en conflit, dès l'ouverture des hostilités, les prétentions des généraux commandant les divisions de cavalerie, qui entendaient conserver le maniement de leurs troupes, et celles des généraux commandant les divisions d'infanterie, qui voulaient réaliser dans leur main le commandement de l'unité stratégique formée de toutes armes. De là des tiraillements, des mécontentements, de l'indécision, des ordres et contre-ordres, tout ce qui, en un mot, engage mal les troupes au début d'une guerre.

L'inconséquence avait ainsi présidé à la formation de la cavalerie pour cette campagne; elle continua à peser sur cette malheureuse arme en lui faisant imposer pour premier office celui d'éclairer le commandement sur les dispositions de l'ennemi. C'était là, de la part de l'état-major, appeler les troupes à lui rendre précisément les services qu'elles doivent attendre de lui : car lui seul peut se procurer les renseignements généraux qui sont comme le canevas sur lequel doivent s'engager les reconnais-sances de détail, et comme la clef des découvertes de ces reconnaissances; tandis que la cavalerie, arme éminemment délicate, ne doit jamais être en-

gagée à l'aventure. Mais l'état-major le lui demanda
faute de posséder lui-même l'organisation nécessaire
au fonctionnement complet du service des renseignements.

Si la cavalerie légère eût été instruite de son
propre service, qui consiste à couvrir au loin les
cantonnements et à éclairer la marche des colonnes,
elle eût rappelé à l'état-major les conditions et les
limites de ce service, et celui-ci eût avisé aux moyens
de le lui faciliter par son action préparatoire. Mais
les règles du service léger de la cavalerie ne sont
pas l'objet, dans notre armée, d'une instruction pré-
cise et suivie ; les hussards n'y reçoivent pas autre
éducation que les cuirassiers. Le mot d'éclairer l'armée était ainsi pour tous d'une acception si vague
que nul n'hésitait à le prononcer, mais que nul ne
se préoccupait d'y répondre : les généraux qui
donnaient à leur cavalerie l'ordre de les éclairer
savaient bien ce qu'ils désiraient, mais ne savaient
pas ce qu'ils ordonnaient. Alors, d'ordres en ordres,
de cascade en cascade, des divisions, des régiments,
des escadrons, des pelotons, montaient à cheval tout
le jour ou restaient sellés toute la nuit, sans que
personne comprît ni ce qu'il faisait, ni ce qu'il avait
à faire, et finalement notre cavalerie légère atteignit
la période désirée où elle combattit en ligne, sans
nous avoir servi en quoi que ce fût, et sans avoir
incommodé ou seulement éventé l'ennemi une seule
fois. Les incroyables surprises dont notre armée a

eu dans toutes les guerres modernes le ridicule, se renouvelèrent dans celle-ci avec des résultats désastreux. Mais, encore une fois, il ne faut pas en faire le reproche aux corps de cavalerie, mais à l'incurie de l'état-major, qui se déchargea trop sur eux de sa principale attribution, l'art de se procurer les renseignements et de préparer les mouvements, au lieu de ne demander aux troupes à cheval leur concours qu'après leur avoir retracé les règles du service, qu'elles avaient oubliées.

Dans la période des combats, notre cavalerie se trouva massée dans chaque corps d'armée en divisions fortes de quatre à sept régiments, mais le plus souvent sans artillerie qui permît à ces divisions de jouer un rôle indépendant de l'action générale, sur les flancs de l'ennemi. Faute de ces conditions d'initiative, ces masses ne pouvaient qu'errer dans les régions les moins défavorables du champ de bataille en attendant le moment de fournir des charges; la distance où elles durent généralement se tenir nous montre l'impossibilité d'employer au combat, devant les nouvelles armes, une cavalerie divisionnaire. — En revanche, les généraux de cavalerie ne purent guère ainsi saisir d'eux-mêmes l'instant de s'élancer; mais, lorsqu'ils en reçurent l'ordre, ils l'exécutèrent avec un dévouement au-dessus de l'éloge. Lancés tantôt contre une infanterie victorieuse, tantôt contre la redoutable artillerie des Allemands, tantôt contre des lignes de cavalerie, nos régiments, quelle qu'en fût l'espèce, chargèrent presque toujours à fond avec une admirable franchise.

Hélas ! l'on n'ose dire s'ils obtinrent jamais un succès ! Quelquefois ils firent reculer une batterie ennemie, ils donnèrent à notre infanterie ébranlée le temps de se raffermir, ou bien, par leur exemple héroïque, ils sauvèrent du moins l'honneur des armes trop compromis sous leurs yeux, et arrachèrent ainsi au roi de Prusse, témoin à Sedan de leur valeur désespérée, le noble témoignage qu'il en adressa à la reine en lui annonçant sa victoire. Mais ces sanglants sacrifices ne conduisirent ceux qui en réchappèrent qu'à lâcher leurs chevaux dans la Meuse, le soir du 1er septembre, ou bien qu'à en nourrir l'armée de Metz agonisante.

Ainsi finirent admirés, sans avoir su se faire redouter, nos chasseurs d'Afrique, nos cuirassiers et tous nos beaux régiments.

Tandis que dans la cavalerie française on n'a su que mourir, c'est la cavalerie allemande qui a cueilli pour son armée la victoire. Cette arme qu'en France on s'évertuait à peindre comme ayant fini son temps avait vu en Prusse, depuis la dernière guerre, le roi grossir avec sollicitude le nombre de ses escadrons, et la préparer ainsi à être l'instrument admirable d'une stratégie savante, en même temps que la tactique y trouverait une puissante ressource.

Regardons la cavalerie prussienne le jour de Rezonville. Ses uhlans, véritables limiers qui n'ont pas perdu un instant notre piste, ni même notre contact, guident sûrement jusqu'à nos bivacs surpris l'attaque d'un corps d'armée. Ce corps est seul, le gros de l'armée est encore loin, mais deux belles divisions de cavalerie accourent pour soutenir son action téméraire ; leurs cuirassiers chevauchent à travers nos lignes, leurs hussards sabrent nos batteries et jusqu'à notre état-major, leurs dragons défient l'effort de notre cavalerie. A peine le combat ainsi soutenu a-t-il cessé, ce qui reste de ces vaillants cavaliers s'en va cheminant par la nuit en pays ennemi, inondant la campagne où notre armée devra se mouvoir le lendemain, et tendant devant elle cet impénétrable rideau derrière lequel les masses allemandes vont prendre leurs positions pour une nouvelle bataille.

Devant ces merveilleux services de la cavalerie prussienne, le spécialiste portera son étude sur le recrutement et sur l'instruction de l'arme : il constatera que la valeur de ce recrutement ne tient pas à l'essence d'une population accoutumée à pratiquer le cheval, mais au niveau d'éducation qu'apporte dans les rangs inférieurs de la cavalerie la petite bourgeoisie, qui y acquitte volontiers la dette militaire, tandis que la fleur de la noblesse tient à honneur d'en constituer les cadres supérieurs. Quant à l'instruction de l'arme, on voit ce qu'elle peut être avec ces éléments, alors que non-seulement les sous-officiers, mais la plupart des soldats, savent lire une carte, formuler un rapport, prendre un renseignement militaire, et que les jeunes officiers, au lieu d'être comme chez nous rebutés par les détails absorbants du service de semaine, et privés absolument d'initiative, sont eux-mêmes les instructeurs responsables et réellement les chefs de leurs intelligents pelotons.

Mais il faut apercevoir, au-dessus de ces points de vue spéciaux à l'arme, deux grandes causes de la valeur de la cavalerie allemande, l'une en dehors des troupes, l'autre générale à toutes celles de l'armée : ces deux causes sont la direction et la discipline.

La direction du service, c'est-à-dire le travail préparatoire qui fait procéder du commandement à l'exécution, est l'œuvre des états-majors, qui groupent en un faisceau de connaissances leurs études préliminaires du théâtre de la guerre, les renseignements obtenus par leurs agents spéciaux et les incidents signalés par les avant-postes, et qui peuvent ainsi fournir en permanence un canevas bien tracé aux pointes, aventureuses en apparence, mais toujours motivées, de la cavalerie, dans sa mission soit de maintenir le contact avec l'ennemi, soit de couvrir d'un rideau les mouvements de sa propre armée.

Après la direction fournie par les états-majors au service de la cavalerie allemande, ce qui a développé l'audace avec laquelle il est exécuté, c'est la

discipline; c'est cette force, qu'il semble au premier
abord paradoxal d'évoquer ici, qui convertit les
braves jeunes gens de l'honnête Allemagne en uhlans aux allures bientôt aussi légendaires que celles
des Cosaques du Don ou des Arabes du désert.
C'est la discipline acceptée par des cœurs vraiment
patriotes, non comme une contrainte, mais comme
une vertu, qui, aidant à la confiance réciproque
entre chefs et soldats, favorise chez chaque individu
ce maximum d'action, qui ne le cède en rien à l'élan
isolé, mais en centuple l'effet.

Une dernière remarque sur la cavalerie allemande : son instruction est la même pour tous les
corps; ainsi le principe de la division du travail, qui
est le véritable secret de tout mécanisme ingénieux,
n'y est pas appliqué par la routine à distinguer des
catégories de soldats, mais bien par la science militaire à faire concourir des fonctions diverses au but
général.

Nous voilà bien loin de notre propre histoire.

VII

L'importance de l'arme du génie fut très-effacée dans cette guerre par suite des progrès de l'artillerie, devant lesquels les anciennes fortifications ne suffirent généralement pas à forcer l'ennemi aux lenteurs d'un siége, lenteurs auxquelles il préféra toujours la cruauté du bombardement.

Cette expérience entraînera sans doute l'abandon du système défensif de Vauban pour celui des camps retranchés.

Les conditions dans lesquelles opéra l'armée de Metz y rendirent particulièrement secondaire le rôle du génie, et le réduisirent en principe à celui d'aider à l'établissement des troupes. Ce rôle même, qui n'eût pas été sans utilité, ne fut pas tenu, faute de direction et d'impulsion de la part du commandement.

Ainsi, tandis que les Prussiens établissaient autour de nous des ouvrages étagés, des communications, des blockhaus, des magasins, des baraques, des gares et jusqu'à une ligne de chemin de fer, chez nous on ne fit rien de semblable, sinon quelques tranchées d'un tracé imparfait ; des ponts fixes sur la Moselle ne relièrent pas nos camps pour faciliter nos mouvements, des abris ne couvrirent pas nos troupes, plus malheureuses aux portes d'une grande ville que les avant-postes mêmes de l'ennemi. C'est ainsi que les cruelles intempéries de l'automne concoururent avec la famine pour attaquer profondément la santé de tant de nos infortunés soldats, qui succombent maintenant dans les prisons de l'Allemagne, ou qui traîneront de retour au pays une vie maladive et abrégée.

Enfin le service du génie ne fut pas appelé à conduire ces cheminements et ces travaux de contre-approche, qui, plus sûrement et moins onéreusement que nos sorties sanglantes, eussent fait reculer et partant affaibli l'investissement ennemi.

Les officiers du génie, ces hommes les plus instruits et les moins favorisés de notre armée, auront été bien péniblement affectés de leur inaction, et c'est là sans doute l'excuse de la conduite peu militaire qu'un trop grand nombre d'entre eux tint à l'occasion de notre fin désastreuse. Ceux-là, lorsqu'ils la virent approcher, se répandirent bruyamment en aspirations belliqueuses trop tardives, et dont leur instruction devait leur montrer l'inanité ; puis, aussitôt que nous fûmes entre les mains de l'ennemi, — dont beaucoup s'échappèrent assez peu dignement, — les mêmes officiers furent les premiers à jeter en pâture à la presse étrangère des récriminations malencontreuses, qui témoignent infiniment moins en faveur de notre armée que ses rudes combats, auxquels la plupart des écrivains avaient eu peu de part.

Tant il est vrai que, dans toute œuvre coopérative, comme l'est celle d'une armée, les facultés sans emploi se tournent aisément contre l'organisation même qui n'a pas su utiliser leur concours.

VIII

Passer de la cavalerie au génie, du génie à l'intendance, et de celle-ci bientôt à l'état-major, pour incriminer tous ces services, et attribuer à leur insuffisance une certaine part dans nos désastres, semble être d'un esprit chagrin et indigne de confiance. Mais pourtant ces désastres sont là, ils ne sont pas sans causes, et, si la masse du public ne ressent que leurs coups écrasants, l'observateur qui les a traversés a vu s'y accuser de multiples souffrances, et ces souffrances, qui n'ont pas été sans indices précurseurs, ne doivent pas rester pour nous sans enseignements utiles. La dernière page de notre histoire militaire n'est pas écrite cette fois, Dieu merci ! et nous avons confiance en celles que l'avenir nous réserve, parce que dans les épreuves récentes nous avons assez rarement vu les hommes au-dessous de leur tâche, mais généralement les tâches mal préparées à des ouvriers qui eussent pu mieux faire.

C'est ce qui est vrai particulièrement du service de l'intendance, où des cadres éminemment dévoués, actifs et distingués n'ont atteint que des résultats indignes de leurs efforts et des précieux intérêts qui en dépendaient. Tous à l'armée de Metz ont vu le désordre, la lenteur et parfois l'abandon des convois durant le mouvement de concentration ; puis, pendant le blocus, l'irrégularité et l'exécution difficile des distributions, la négligence en matière de ressources alimentaires, telles que les feuillages et les sarments de vigne pour les chevaux, puis pour les hommes le rendement de la paille non battue qui se distribuait encore en fourrages quand le pain allait manquer ; enfin fréquemment la détestable fabrication de ce pain.

Mais, au lieu de récriminer contre les fonctionnaires de l'intendance, qui, surchargés de travail, ne furent jamais à bout de zèle ni d'obligeance, il vaut mieux rechercher les défauts inhérents au système de l'intendance.

Ces défauts paraissent provenir des deux vices capitaux de toute notre organisation militaire : la centralisation excessive, et la différence complète du pied de paix au pied de guerre. — Il résulte de ces erreurs de principes que le premier pas pour l'organisation du service administratif de la guerre est la désorganisation du service territorial, sur lequel pourtant tout repose, et qui a laissé les corps de troupes dans une incurie complète quant à leurs besoins pour la mobilisation. Ensuite cette crise effrayante est encore compliquée par l'esprit de méfiance qui a inspiré nos règlements, et qui, au lieu de se borner à rendre le contrôle facile par la simplicité même des procédés administratifs, a cherché à rendre la malversation difficile par l'extrême minutie des précautions réglementaires. Enfin ces deux mêmes préoccupations de centralisation et de contrôle ont créé à l'intendance un fonctionnement trop indépendant du commandement qui est une cause de paralysie réciproque au préjudice absolu du service. On en voit la preuve dans ces faits d'observation, que les fonctionnaires de l'intendance ne réussissent à satisfaire les troupes qu'en resserrant spontanément l'intimité de leurs relations avec les états-majors, et que, là où le service de l'intendance devient impuissant à pourvoir à la subsistance des corps, ceux-ci y réussissent encore dans certaines limites en recouvrant leur liberté d'autrefois.

Il ne paraît dès lors pas utile de porter la critique sur les branches plus ou moins défectueuses de notre système d'administration militaire, car il doit être refondu en entier sur cette base que l'intendance ne saurait rester centralisée en dehors du commandement, et qu'au contraire son service, au moins en ce qui concerne la subsistance des troupes en campagne, est un des attributs essentiels de l'état-major, et ne doit en conséquence, à aucun degré de l'organisation, procéder d'une autre action ni sous une autre responsabilité que celle du commandement lui-même.

IX

En dehors du commandement, sur lequel il appartient à un officier de faire ses réserves plutôt que ses critiques, il reste bien des aspects à étudier dans le service de l'état-major, tel qu'il fonctionna parallèlement, mais non pas semblablement, dans les deux armées ennemies : car ses éléments, ses procédés, ses résultats, ont trop sensiblement différé dans ces deux armées pour qu'il n'y ait pas à chercher là des enseignements nécessaires au jugement du passé, comme à la préparation de l'avenir.

Le personnel des états-majors français, à l'exception des généraux chefs de troupes, se composait d'officiers la plupart studieux, voués depuis le commencement de leur carrière aux attributions d'un service qui comprend l'établissement de la carte de France, quelque peu de géographie étrangère, le classement des archives historiques de la guerre, et surtout la tenue des bureaux des divisions et sub-divisions militaires, enfin les fonctions d'aide de camp.

La mobilisation de l'armée, lorsqu'elle s'élabora dans les bureaux de la guerre, constitua de toutes pièces avec ces éléments le personnel des divers états-majors, à raison de trente officiers au grand état-major, huit aux états-majors généraux, et quatre par division, sans compter les aides de camp. Un secrétaire par deux officiers fut tiré de la troupe pour compléter le personnel des états-majors; quant aux plantons, leur service était journalier et fourni par les régiments. — Enfin les services d'état-major furent groupés au grand quartier général en quatre sections : renseignements, mouvements, personnel, matériel; mais cette division du travail disparaît dans les états-majors divisionnaires et même géné-raux. Toutefois, dans plusieurs de ces derniers, les chefs d'état-major confièrent à un des officiers su-périeurs les questions relatives aux renseigne-ments; le reste des officiers fut absorbé, sans distinction d'attributions, par ce qu'on appelle dans les armées étrangères la chancellerie, et dans la nôtre le service des bureaux, et ils ne montèrent guère à cheval, sauf les jours de combat, que pour porter aux quartiers généraux éloignés les dépêches

— qu'ils avaient écrites habituellement sous la dictée.
Les secrétaires improvisés n'étaient capables que de
l'enregistrement et de la suscription des dépêches,
et les plantons que de suivre les officiers en course :
car, employés comme courriers, ils s'égaraient aisément, faute de pouvoir comprendre l'établissement
des troupes et de savoir lire une adresse : — je ne
parle pas de se guider d'après un tracé topogra-
phique, car les officiers d'état-major eux-mêmes ne
reçurent pas de cartes. Au commencement de la
campagne, même les généraux et les chefs d'état-
major n'en avaient pas; plus tard leur furent en-
voyées quelques feuilles non entoilées, vieillies et
défectueuses, de nos frontières, mais plus nombreuses pour l'Allemagne orientale jusqu'à la Russie.

Le dépôt de la guerre, qui venait de se constituer
en état-major général de l'armée, donnait ainsi un
indice fâcheux de la direction de ses travaux pour
la préparation de la guerre. Cet indice fut bientôt
confirmé par la manière dont se pratiqua le service,
à l'exemple du grand quartier général, dans tous
les états-majors : les mouvements ordonnés n'étaient
pas étudiés d'avance sur le terrain, les colonnes pas
guidées, les bivacs pas préparés, l'ennemi pas re-
connu. Retenus au bureau, des officiers capables
d'instruction, distingués et ardents à bien faire,
ignoraient tout, et ne paraissaient jamais, ou suivaient machinalement les chefs des troupes dans
les opérations stratégiques, dont l'exécution deve-

7

nait, faute d'un service d'état-major, pleine de lenteurs, de fatigues et souvent de périls.

Il en fut de même sur les champs de bataille, et
l'action des troupes manqua dès lors de direction
à un point qu'un témoignage oculaire a seul chance
de faire accepter. Ainsi je puis affirmer qu'avant,
pendant et après nos trois plus grandes batailles,
le commandant du corps d'armée près de qui je
servais ne reçut pas une seule communication du
général en chef; il marcha au canon, s'engagea à
l'aventure, prit ses bivacs ou sa retraite suivant le
sort de ses armes; et si sa page individuelle n'en fut
que plus belle pour lui, celles de notre histoire y
perdirent peut-être des victoires. Le rapport officiel
publié récemment par le maréchal Bazaine sur la
journée de Rezonville montre que le rôle de deux
de ses corps d'armée y est resté lettre close pour
l'état-major général; il n'a pas vu, tandis que la
moitié de nos forces restait sans emploi, qu'il eût
suffi du renfort d'une division à l'aile droite pour
jeter à la Moselle l'attaque téméraire du prince Frédéric-Charles. — De même le surlendemain, quand
neuf corps d'armée, guidés par le vieux roi de
Prusse (qui depuis trente heures ne s'était pas dés-
habillé), finirent à la chûte du jour par forcer nos
positions, la garde impériale resta immobile, en réserve derrière nos lignes épuisées, parce qu'elle ne
reçut point d'ordres... L'état-major général n'était
pas monté à cheval!

Il est douloureux d'écrire ces choses quand on est Français et qu'on a porté l'aiguillette d'état-major ; mais nous devons témoignage à nos malheureux soldats, nous devons dire que, s'ils ont inutilement jonché de milliers de cadavres les champs de bataille, si par dizaines de mille ils ont été entassés sanglants dans les ambulances, si nos drapeaux, nos uniformes et les médailles commémoratives de nos poitrines ont été promenés en trophées dans les villes allemandes, c'est que non-seulement notre armée a été accablée par le nombre, mais qu'en même temps elle a été absolument paralysée par l'absence de direction née de l'annulation des états-majors.

Après avoir en vain cherché dans cet exposé du service d'état-major dans l'armée française des principes d'organisation d'abord, puis des procédés, enfin des résultats, on rencontre dans l'armée prussienne le tableau le plus net des fins et des moyens qui répondent aux différents besoins dans lesquels le service d'état-major doit être l'aide et l'instrument du commandement.

Les Prussiens classent ce service en quatre sections, qui sont : la première, le service des renseignements ; la deuxième, le service relatif aux troupes ; la troisième, la justice militaire ; la quatrième, l'intendance. Ces deux dernières sections sont confiées à des employés militaires spéciaux ; les deux premières, à des officiers de l'armée dont les attributions respectives sont déterminées comme il suit.

La 2ᵉ section du service d'état-major (rapports avec les troupes) a pour objet les affaires du service journalier et de la discipline, les ordres, les rapports et les situations, le personnel, et à l'intérieur la landwehr, la remonte et l'armement. Ce bureau est dévolu dans les quartiers généraux aux aides de camp, qui y sont au nombre de quatre par corps d'armée, deux par division, un par brigade, et servent sous la direction du plus ancien d'entre eux. Ces aides de camp appartiennent aux régiments d'infanterie ou de cavalerie.

La 1ʳᵉ section d'état-major a pour mission, disent les instructions prussiennes, « d'aider les grades « élevés du commandement dans les branches mul- « tiples de leurs attributions, particulièrement en « ce qui concerne la stratégie et la tactique. » Le service de cette section est confié exclusivement au corps d'état-major, qui n'a d'ailleurs pas d'autre emploi. Ce corps est réuni à Berlin sous le commandement d'un général (actuellement le comte de Moltke), qui détache du bureau central un chef d'état-major et deux autres officiers par corps d'armée, un officier par division. Les attributions de service du corps d'état-major sont la recherche des renseignements politiques et topographiques, la préparation des mouvements stratégiques, l'armement et le ravitaillement des forteresses, les ponts et pontons, enfin (à l'intérieur) la direction des écoles militaires et celle des voyages d'instruction. — Le corps d'état-major, très-peu nombreux, est recruté dans chaque grade avec un soin extrême sur tous les officiers de l'armée, auxquels il offre seul l'avantage d'un avancement rapide ; il est tenu en conditions d'étude, en dehors des occupations journalières des officiers détachés, par des questions préparées puis recueillies à la direction centrale.

On le voit, tandis que les hautes fonctions de la 1re section d'état-major ont brillé d'un incomparable éclat dans les fastes de l'armée prussienne, elles trouvaient à peine place dans la besogne à laquelle sont employés les officiers du corps d'état-major français : absorbés dans les quartiers généraux par les services multiples de bureau classés en Prusse dans les 2e et 3e sections, ils font absolument défaut aux exigences premières de la conduite de la guerre, qui sont l'étude des échiquiers stratégiques et tactiques, et du jeu des pièces qui doivent s'y mouvoir. L'immense problème de la direction des troupes se dresse dès lors devant nos généraux dans toute son obscurité, sans que, faute de l'esprit de méthode et de l'organisation nécessaire, aucun travail préliminaire en ait dégagé les données et facilité la solution. L'étude, la décision, la direction, incombent ainsi à la seule tête du chef. Voilà comment les lois naturelles, plus puissantes que les caprices du hasard, conduisent sûrement à la ruine une armée engagée à l'aveugle.

Il est étonnant que, dans les articles et les rapports parus en France sur la comparaison des états-majors français et prussiens, la différence de leurs attributions respectives n'ait frappé personne. Cette différence est pourtant telle que les meilleures capacités militaires employées dans nos états-majors actuels n'y eussent en rien amélioré les résultats du service, tandis que les officiers d'état-major actuels eussent suffisamment assuré ce service dans une organisation analogue à celle des Prussiens.

Le recrutement du corps d'état-major, qui seul a eu le don d'exciter chez nous la discussion, n'est donc en réalité qu'une question secondaire, qui doit être abordée seulement lorsque l'ensemble des institutions militaires aura été reconstitué, et qu'il aura été possible d'établir quels sont les services d'état-major nécessaires au fonctionnement de l'armée renouvelée ; alors se déduira de la nature de chacun de ces services celle du personnel spécial qui lui convient.

La question, ainsi posée sur ses véritables bases, restera encore très-délicate, mais, sans s'y aventurer, on peut signaler dès maintenant l'utilité d'un personnel inférieur de secrétaires (comme dans notre intendance) et de plantons de confiance (comme dans les quartiers généraux prussiens) qui assurent au soulagement des officiers, et mieux que ceux-ci ne peuvent convenablement le faire, les détails matériels si importants du service des états-majors.

Constatons, avant de terminer, que l'abandon dans lequel étaient tombés, sous l'action absorbante d'une véritable chancellerie, les plus importants des services d'état-major, tient plutôt à l'esprit de centralisation et de routine qui régnait dans notre armée qu'à l'imperfection de nos règlements. Car ces règlements donnent à penser que le service des états-majors ne se borne pas à celui des bureaux, puisqu'ils disposent qu'un officier pourra être chargé spécialement de ces bureaux; ils établissent plus loin que les reconnaissances spéciales sont en principe du domaine des officiers d'état-major, si bien que ces officiers en ont le commandement à moindre ancienneté ou y conservent voix consultative à grade inférieur.

Mais ces indications passaient de plus en plus inaperçues, malgré quelques échos sans puissance, jusqu'à ces tristes derniers jours où un cri de reproche s'est élevé des rangs d'une armée malheureuse contre ses états-majors. — Réprobation injuste pour la plupart des officiers qu'elle atteint, mais justement méritée par ceux des généraux qui paralysaient leurs chefs d'état-major, par les chefs d'état-major qui méconnaissaient leur mission et annulaient à leur tour leurs officiers; — réprobation méritée, plus encore que par les vivants, par des hommes aujourd'hui disparus, après avoir laissé l'influence funeste de leur incurie et de leur mauvais esprit sur la belle armée dont les destinées étaient tombées dans leurs mains.

X

La précision des mouvements stratégiques de notre ennemi nous a montré la sûreté et la rapidité de ses informations locales en même temps que son instruction générale, et il est curieux d'examiner quels sont en campagne les procédés de cette branche du service de ses états-majors.

Ce n'est pas tout pour lui d'affecter à cette fonction un corps spécial, le corps d'état-major, et de le former si remarquablement à l'art de la prépation de la guerre. Les Prussiens, dans leurs institutions militaires, ne perdent jamais de vue la pratique, et un de leurs auteurs classiques s'exprime ainsi au sujet des corps savants voués uniquement à des études spéculatives : « L'expérience nous a appris que l'armée est mieux servie par des hommes simples, judicieux et expéditifs, que l'on rencontre constamment aux avant-postes ou aux croisées de routes lorsqu'on marche près de l'ennemi, que par des savants qui soient trop distingués pour faire un tel métier, et généralement aussi trop distraits pour retrouver le chemin qu'ils auraient pris.»

Voici donc ce que prescrivent les instructions royales, au titre du « service de sûreté des marches », sur la « manière de recueillir promptement des nouvelles sûres ».

« La forme passive (des dispositions de troupes à l'avant-garde) et ses ressources matérielles sont loin de répondre à la nécessité d'avoir des nouvelles de l'ennemi. Elles suffisent bien pour protéger contre des surprises, mais, pour voir à temps et loin dans le jeu de l'adversaire, il faut un autre procédé, un organe actif et intelligent. Il s'agit de percer d'un coup d'œil rapide les secrets de la force, de la composition et de la marche de l'ennemi, d'apprécier exactement les distances, le temps que demande leur parcours, d'évaluer les dangers qui en peuvent naître, et d'en rendre un compte suffisant. Cela dépasse l'horizon du soldat et du sous officier, et il est dangereux de le prétendre d'eux.

« Seuls, des officiers de cavalerie adroits, sur des chevaux vites, avec des ordonnances de choix, et selon les circonstances avec un masque de cavalerie, peuvent et *doivent* faire ce service. Ils sont les yeux du général en chef, le sort d'opérations entières dé₁end de leurs rapports, et l'on ne saurait en conséquence apporter assez de zèle et de pratique dans cette branche du service et dans sa bonne organisation.

« Ces officiers, en nombre suffisant, se tiennent à la pointe de l'avant garde à la disposition d'un officier d'état-major qui accompagne cette pointe, et est toujours particulièrement chargé de la reconnaissance du terrain et de l'ennemi. Cet officier leur distribue méthodiquement leur besogne, suivant que les localités l'exigent et le favorisent. Les rapports de ces envoyés sont réunis par l'officier d'état-major, à qui revient de les coordonner et comparer pour se mettre en garde contre des nouvelles à la Tartare, s'il s'en produit, — et cela arrivera souvent; — mais elles seront alors vérifiées par ces mêmes officiers Enfin l'officier d'état-major annonce tout ce qui est important au commandant de l'avant-garde, qui le transmet à qui de droit, selon qu'il y a intérêt. »

Cette organisation du service des renseignements dans l'armée prussienne répond en principe à l'idée d'avoir dans chacune de nos fractions de troupes susceptibles d'agir isolément un *bureau politique*, marchant non à l'état-major du commandant, mais à l'avant-garde. Cela n'entre pas dans nos habitudes militaires, bien que les leçons n'aient pas manqué à notre insouciance; toutefois, ayant été appelé dans cette dernière campagne à organiser un service *d'éclaireurs* analogue au système prussien, d'abord à la division Laveaucoupet, puis au 4° corps, je puis en rendre quelque compte, et formuler quelques idées pour une organisation qui ne serait d'ailleurs que le développement du système prussien.

Le principe de ce système, nous venons de le voir, consiste à affecter *un organe indépendant des troupes au service des renseignements*. Il élimine nettement l'idée que des corps de cavalerie ou d'infanterie légère suffisent à renseigner le commandement sur ce qu'il lui importe de connaître. Cette idée a d'ailleurs reçu autant de démentis que nous avons fait de campagnes, et elle ne subsisterait pas chez nous si l'on se rendait mieux compte de la nature et de la multiplicité des renseignements à recueillir.

Ces renseignements portent principalement sur :

L'aspect du pays, — rectification des cartes, — reconnaissance des positions militaires ;

La viabilité, — réparations ou destructions qu'elle comporte ;

Les ressources des villages en logement, vivres, et transports, et celles des bivacs en bois et en eau ;

Les relations avec la population, — trame et contrôle de l'espionnage ;

L'ennemi (avec distinction expresse de ce qu'on a vu et de ce qu'on a entendu dire ou présumé).

Chacune de ces enquêtes doit faire l'objet d'un rapport spécial dressé d'avance en forme de tableau à remplir. Ces modèles, avec les indications particulières au jour, seraient préparés au quartier général en même temps que des croquis du terrain à reconnaître, puis remis en nombre suffisant aux officiers du service avancé, qui en feraient le travail puis le renvoi en temps utile. Les renseignements ainsi recueillis et classés méthodiquement permettent d'établir les projets de mouvement d'après les plans du commandement, dont l'acceptation transformerait ces projets en ordres de mouvement. Ces ordres seraient eux-mêmes libellés suivant un tableau modèle, mettant en relief pour chaque colonne les heures, les voies, les localités, la manière de s'y établir, d'y subsister et de s'y garder eu égard à la position des troupes voisines.

Voilà donc traduits en ces deux tableaux, — celui des *renseignements* et celui des *mouvements*, — l'esprit et le but du service dont nous nous proposons l'organisation.

De là découle l'aperçu des moyens d'exécution : ainsi, le tableau des renseignements sera dressé à l'avant-garde par le service montant, celui des mouvements au quartier général par le service descendant, qui fournira de plus aux troupes les guides pour l'exécution de ces mouvements. — Si maintenant nous prenons pour base du calcul la marche d'un corps d'armée (cette force étant aujourd'hui la véritable unité stratégique), noùs admettrons la nécessité et la suffisance de trois officiers à la disposition de l'officier d'état-major qui est sur le terrain; une semblable brigade au repos, plus un officier d'état-major supplémentaire, donnent un total de trois officiers d'état-major et de six officiers adjoints, sans compter le chef du service (celui qui porte, en Prusse, le titre de chef d'état-major).

Quant au nombre des soldats d'ordonnance attachés aux officiers adjoints, il doit être assez restreint pour ôter à ces officiers toute idée de les employer en partisans et toute préoccupation de chef de troupe, mais pourtant suffisant à leur donner comme escorte assez d'indépendance pour leur éviter de recourir constamment aux troupes d'avant-garde. Quelque douze cavaliers par officier adjoint rempliront ce but, et formeront un total de 72 à 80 hommes par état-major général, et de 25 par état-major divisionnaire, où un officier d'état major et deux adjoints assureront le service.

En terminant l'énumération de ces 150 soldats spéciaux par état-major de corps d'armée, disons qu'ils doivent être volontaires, d'une solidité éprouvée, d'une intelligence au-dessus de la moyenne, et avoir acquis, outre une bonne instruction primaire, quelques notions topographiques pour assurer le service comme plantons et comme guides. Ils vivront de réquisitions contre bons remboursables, et seront tenus en dehors des quartiers généraux, où ils ne tarderaient pas à être absorbés par le service d'ordonnances.

Je n'ai parlé que de cavaliers pour cet emploi, mais je me suis trouvé très-bien, soit en terrain couvert, soit au contact de l'ennemi, d'avoir formé une compagnie mixte de dragons ou hussards et de fantassins ou chasseurs à pied, dont les officiers concouraient tous au même service, tandis que les hommes à pied ou à cheval s'employaient selon le terrain et l'heure de jour ou de nuit.

Cette composition du service m'a permis de faire avec quelque succès l'expérience suivante : pendant un engagement du corps d'armée, les sections à pied furent portées sur les flancs dans un terrain à la fois couvert et élevé d'où elles surveillaient l'ennemi, et un cordon d'hommes, à pied, puis à cheval, à distance de vue, relia en arrière de ces postes avancés tout le développement du champ de bataille; le reste des cavaliers disponibles, suivant avec précaution le général commandant, se déroulait en chaîne mobile jusqu'au cordon précité. Par ce mécanisme, j'étais en communication constante et très-rapide, au moyen de billets ou de croquis préparés, avec les officiers du service qui parcouraient la ligne, et je pouvais tenir le général au courant des péripéties d'une action qui s'étendait pourtant sur une région vaste et accidentée.

On le voit par cet exemple, il ne saurait y avoir de composition fixe de personnel au service d'exploration, ni de manière de procéder absolument tracée. Ainsi, en pays non insurgé et en face d'un ennemi peu entreprenant, le service pourra, par ses seuls voies et moyens, prendre le contact de cet ennemi, ou au moins précéder les troupes à une journée de marche (ce qui est absolument nécessaire). Dans des conditions moins favorables, le service demandera des pelotons de soutien, parfois même l'inondation du pays par des coureurs auxquels il se tiendra intimement lié et dont il pourra requérir le concours.

Au résumé, ce projet d'organisation ne porte pas tant sur la méthode infiniment variable de conduire un *service d'exploration*, mais sur la mise en pratique de ce principe, que, l'étude du pays et de l'ennemi étant essentiellement liée à la préparation des mouvements de guerre, non-seulement la même direction, mais le même personnel, doivent être commis à ce double service, – service qui est à créer de toutes pièces dans l'armée française, où son absence est une des grandes causes d'infériorité.

Un esprit non prévenu sera frappé de l'avantage qu'il y aurait à employer ainsi le groupe d'officiers qui a constamment la carte et le terrain même sous les yeux, avec ses ressources et ses périls, à étudier la préparation des ordres de mouvement, et à guider ensuite les colonnes dans l'exécution de ces mou-

vements. Mais il y a dans l'armée qui vient de suc-
comber trop d'esprits peu exempts de mesquines
rivalités d'arme, de routine, ou de cette incurable
inattention qui mène de lenteur en surprise aux
désastres de Custozza, de Sadowa ou de Sedan.

XI

Après avoir parcouru la série des éléments de l'armée qui a succombé à Metz, pour fixer le sentiment sur la valeur intrinsèque de chacun d'eux, il reste à examiner les relations de ces éléments dans l'ordre moral, c'est-à-dire le degré dans lequel leur ensemble possédait les trois forces que créent les armées, l'*instruction*, la *discipline*, l'*amour du devoir*. — L'état de ces trois forces se révèle par ce qu'on appelle les *mœurs militaires*. avant de se solder par les coups de la fortune. De plus, ces mœurs peuvent survivre dans une armée à la défaite, et lui préparer le retour des mêmes revers, si le corps social tout entier n'apprend à lire, à se reconnaître et à se corriger, dans ce livre des mœurs qui est le prologue de chaque ère historique.

Examinons donc successivement où en étaient l'instruction, la discipline et l'amour du devoir dans l'armée, sans parler de ce que la nation française faisait pour y voir fleurir ces vertus.

L'instruction de l'armée française baissa de nos jours, par un phénomène bizarre au premier aspect, en même temps que progressaient les inventions de la science guerrière, et que l'art militaire exigeait ainsi, par le perfectionnement de ses instruments, une habileté et une application croissantes chez ceux qui l'exerçaient.

Dans les rangs inférieurs, chez le soldat, l'exonération laissait aux carrières civiles tous ceux à qui un peu d'instruction en rendait les conditions accessibles, et l'encombrement produit par le rengagement à prime dans les cadres des sous-officiers, et même des officiers inférieurs, avait découragé les engagements volontaires à tel point que, sous l'influence de ces deux causes, les chefs de corps ne trouvaient réellement plus de sujets pour tenir les emplois de caporal, de sergent et surtout de comptable.

Chez les officiers subalternes se formaient deux catégories d'ailleurs également peu studieuses : celle des officiers qui renonçaient à l'avancement au choix, et se croyaient par là même dispensés de s'entretenir dans l'étude du métier, et celle de leurs çamarades plus favorisés qui se rendaient très-bien compte du peu d'influence de leur degré d'instruction sur un choix que diverses causes condamnaient à être établi bien légèrement et parfois bien injustement.

Pourtant ces officiers étaient les uns et les autres arrivés avec un très-léger bagage d'instruction : les plus nombreux, provenant des sous-officiers, n'avaient pu ni développer ni même conserver leur instruction première, dans les longues années qu'il leur avait fallu passer à la caserne avant d'arriver à l'épaulette; les autres sortaient d'une école militaire de moins en moins recherchée depuis nombre d'années, et où régnait en outre un grand esprit de légèreté, si bien que le niveau des études y baissait de plus en plus.

Enfin, dans les grades supérieurs de la hiérarchie, on rencontrait sans doute de l'instruction, notamment chez les jeunes chefs de bataillon, qui étaient peut-être le meilleur élément de nos cadres. mais on dut reconnaître encore beaucoup d'insuffisance chez des hommes qu'une carrière heureuse et souvent valeureuse avait toujours dispensés d'études, et chez ceux auxquels la jouissance du bien-être acquis ou l'ambition des échelons qui restaient à franchir ne laissait guère de loisir d'esprit pour des préoccupations d'un ordre plus élevé. Parmi les officiers mêmes qui se targuaient d'une instruction supérieure à celle du commun, combien, par leurs citations favorites des batailles du premier Empire ou des décisions ministérielles relatives à leurs bureaux, faisaient songer à ces lignes bizarres qui subsistent en tête de nos règlements de manœuvre : « Nul officier ne sera réputé instruit que s'il possède toutes les parties du présent règlement. »

L'apathie de nos cadres devant le mouvement général qui portait vers l'étude les autres armées européennes avait, outre ses raisons d'être morales, deux causes matérielles : le peu d'occasion pour les officiers d'entendre parler des progrès de l'art militaire, et la difficulté d'en apercevoir le témoignage dans les publications françaises ou étrangères. — En France les écrits militaires sont rares, ils coûtent cher, et surtout on ne les rencontre pas sur son chemin. A part deux ou trois journaux, d'une pauvreté ou d'une tendance également fâcheuses, quoiqu'en voie de progrès, il reste le *Spectateur militaire*, qu'on ne lit qu'à l'étranger, et la *Revue de technologie*, qu'on ne lit pas du tout, parce que le ministre remarquable, qui dans ses efforts pour élever l'instruction en fit faire l'envoi aux régiments, ne sentait pas assez que pour lire un livre il faut savoir où le trouver et où le lire. Sous le régime impérial on redoutait les cercles militaires et tout ce qui eût favorisé la libre discussion sur des choses qui pourtant n'étaient pas de l'ordre surnaturel. Ainsi, dans les garnisons de province, les officiers ne pouvaient se rencontrer en dehors du service qu'à

la pension et au café. — Sans doute les cercles militaires ont leur danger dans une armée en dissolu-
tion morale, mais ils seraient un puissant moyen
de progrès pour une armée bien recrutée et dési-
reuse de reprendre son rang. — Dans cette armée-
là, il faudrait en créer non-seulement pour les officiers, mais pour tout ce qui dans la troupe aurait
assez d'éducation pour profiter de ce procédé de
mise en commun des ressources de l'esprit, procédé
qu'on n'applique chez nous qu'à celles de la table.

Enfin, une des ignorances particulières à notre
armée — et à notre nation, — qui entretient le plus
d'écailles sur nos yeux, c'est l'ignorance des lan-
gues étrangères. Sans doute on ne peut espérer la
réciproque de ce qui se passe à l'étranger pour la
facilité avec laquelle s'y lisent nos publications;
mais, si au moins le goût des traductions se multi-
pliait chez nous, il remédierait au retard considérable de notre instruction sur celle de tant de na-
tions que nous croyons précéder, retard qui est
sensible depuis l'école du peuple jusqu'aux plus
hautes institutions scientifiques. Mais cela ne nous
donnerait pas encore la lecture des journaux étrangers, miroir grossissant de nos défauts nationaux,
et par là même école si utile pour nous montrer la
juste proportion de nos forces et pour reculer les
bornes de notre horizon à un degré que l'expérience seule peut rendre. Nous n'aurons non-seulement des hommes d'Etat, mais encore des officiers

complets, que lorsqu'ils seront aussi au courant de ce qui se passe à l'étranger que de leur propre milieu. Ceux qui ne comprendraient pas qu'un officier, pour bien savoir son métier, dût en connaître les progrès au delà de nos frontières, pourraient-ils s'expliquer comment, pour bien savoir le français, il faut avoir étudié au moins le latin ? — Et pourtant il ne s'agit pas pour nos avocats de plaider contre Cicéron, tandis que le métier des armes, ne l'oublions plus, est une concurrence, et parfois une rude concurrence.

Il est également faux de dire que l'instruction d'un officier ne doit pas s'étendre au delà des devoirs de sa charge ou de l'horizon le plus souvent limité de sa carrière. — Que de courants injustes, ridicules et dangereux nous avons vus se produire par les temps de crise dans l'opinion de l'armée, courants qui fussent tombés devant un peu de réflexion sur les questions du métier ! Ainsi, pour citer quelques-unes de ces fâcheuses naïvetés : « Une armée enveloppante, disait-on souvent, est forcément plus faible sur un point quelconque de la circonférence que l'armée enveloppée : donc il est facile à celle-ci de percer. » — Comme si une armée enveloppée pouvait percer en colonne, c'est-à-dire défiler de flanc au travers des forces ennemies, au lieu d'être obligée préalablement à un déploiement sous des feux convergents, qui rendent l'opération toujours difficile en rase campagne, — voir Sedan, —

et impossible lorsque l'assiégeant a eu le temps de se retrancher, — voir Metz et Paris.

D'autres officiers, aux derniers jours de Metz, ne demandaient plus une bataille rangée, mais une attaque à la baïonnette, comme elle eût pu se tenter il y a quelques années encore; ils ne se rendaient pas compte que, la portée des armes à feu ayant à peu près quadruplé de notre temps, et la vitesse du tir de l'infanterie ayant quintuplé, le trajet d'une colonne d'attaque à travers la zone de feu lui coûterait mathématiquement vingt fois plus cher que par le passé.

Enfin, dans la conduite des opérations, et plus tard dans leur critique, il ne semble pas qu'on ait réfléchi beaucoup à ce fait : c'est qu'avec la grande consommation de munitions des armes à feu actuelles, une armée qui a perdu ses communications devient absolument incapable de tenir la campagne.

Tels étaient les principes fondamentaux méconnus par un grand nombre d'officiers de tout rang dans les derniers événements militaires, tandis que les états-majors ennemis se rendaient si bien compte du jeu de la guerre qu'ils en prédisaient les coups, comme le montrent les feuilles allemandes contemporaines des opérations. Aussi, pour caractériser l'infériorité intellectuelle de notre armée, telle qu'elle apparut alors, faut-il dire que ce qui lui faisait défaut, c'était non-seulement l'instruction, mais surtout l'*attention.*

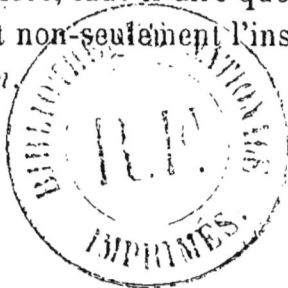

9

XII

Après l'attention dans l'ordre intellectuel, ce qui nous manquait, — suivant une peinture bien connue de notre siècle, — c'est le respect dans l'ordre moral, ce respect qui naît de l'amour du devoir et se traduit dans l'armée par la *discipline*.

A quel point la discipline nous manquait, c'est ce que nous avons eu sous les yeux. — Pourquoi elle nous manquait, c'est ce que nous trouvons d'abord dans trois causes : le levain démocratique dans l'esprit du soldat, les souffrances qui résultaient pour lui de la mauvaise marche des différents services, enfin dans les cadres le laisser-aller, et le sentiment de la hiérarchie trop méconnu.

Chez nos soldats, en premier lieu, le manque de

discipline se faisait sentir dans la marche, où ils
laissaient beaucoup de traînards; au bivac, par la
maraude des fruits, des pommes de terre et de la
paille dans les campagnes; au combat, par le grand
nombre d'hommes qui s'y dérobaient. Ces désordres
furent naturellement bien moins sensibles dans
l'armée de Metz que dans celle de Sedan, composée
partie de troupes déjà ébranlées par la défaite ou
par une retraite précipitée, partie de jeunes soldats
des dépôts conduits par des cadres insuffisants,
partie enfin d'hommes appartenant à la réserve,
toujours plus mal disposés à acquitter cette surtaxe
de l'impôt du sang qu'à s'y soumettre pour la première fois. Le désordre dans l'armée du maréchal
de Mac-Mahon alla, dit-on, à ce point qu'en huit
jours de marche, du camp de Châlons à Sedan, elle
fondit de 20,000 hommes, soit que ces hommes res-
tassent en arrière, soit qu'au contraire ils eussent
voulu gagner d'avance les gîtes d'étape présumés,
mais souvent modifiés durant la marche même. Ce
fut bien pis encore pendant la bataille de Sedan :
tandis que ceux des escadrons qui ne s'étaient pas
esquivés du champ de bataille dans la matinée se
dévouaient au contraire pour sauver l'honneur des
armes, les fantassins, épuisés de fatigue et de privations depuis plusieurs jours, désertaient le combat en grandes bandes et allaient s'entasser dans
les murs de Sedan, en disant qu'ils étaient trahis
par leurs chefs.

Ce mot terrible de trahison est à noter, car il prépare ou accompagne tous nos désastres militaires, depuis les déroutes qui marquèrent les débuts des volontaires de 1792 jusqu'à nos jours. Si insensé qu'il soit, il n'était pas étonnant dans la bouche d'hommes près de qui la démocratie impériale et la démocratie républicaine avaient travaillé à l'envi contre la dignité du chef et contre la foi du soldat, la première en compromettant l'autorité dans la campagne plébiscitaire, la seconde en attaquant toutes les mesures disciplinaires, tout ce qui maintient la religion du drapeau, et en apprenant aux hommes de troupe ce qu'ils ne se faisaient pas faute de répéter : que suivre les étendards, c'était « se laisser mener à la boucherie ».

Il faut le dire maintenant, cette méfiance, cette irritation du soldat contre ses chefs, étaient fomentées journellement chez lui par les fatigues et les souffrances, qui eussent dû lui être épargnées par une meilleure organisation, et quelquefois par plus de capacité et de vigilance chez le commandement. Le mot d'ordre de l'incurie devenu trop français, le « débrouillez-vous », apparaissait au soldat comme une insulte à ses maux : il souffrait de la faim en pleine France, sur un réseau de routes et de chemins de fer reliant tant de villes et de villages; il souffrait du froid, arrêté pendant des heures sans abri et sans feu sur ces routes encombrées, et, dans son intelligence, il sentait trop combien la préparation et la

9.

direction manquaient aux mouvements de l'armée ;
il souffrait, tandis que la sollicitude du commandement ne se traduisait qu'en ordres et en contre-
ordres la plupart du temps stériles, parce que la
main n'était pas tenue à leur exécution. Un relâche-
ment extraordinaire s'était introduit de longue date
dans la manière de servir : ainsi chez nous, quand
une troupe fait mouvement même à proximité de
l'ennemi, celui qui la commande chevauche habituellement en tête, sans s'être fait précéder de personne pour assurer le logement et la vie du soldat,
et sans s'inquiéter autrement de la colonne qui le
suit, dont la queue arrive quand et comme elle peut.
Si au lieu de cela nos chefs, faisant assurer par
des officiers de confiance la marche des têtes de
colonne, ne les guidaient pas eux-mêmes, mais re-
gardaient défiler la troupe, et ne se mettaient en
route qu'après elle, ils verraient comment les choses
se passent et comment les ordres sont négligés; si
alors ils ne s'en prenaient pas au malheureux soldat
qu'ils aperçoivent en faute, mais à ceux qui en sont
hiérarchiquement responsables, la discipline des
troupes serait bientôt rétablie, non par la sévérité,
mais par la vigilance de ceux qui commandent, et
par le bien être même qu'en ressentiraient ceux qui
obéissent.

La négligence n'est sans doute pas un caractère
général du commandement dans notre armée, mais
elle n'y est point assez rare pour que la discipline ne

s'en ressente pas. D'autres causes de cette décadence
sont encore à signaler dans l'esprit de nos cadres
supérieurs : en tête de ces causes, le manque de
procédés hiérarchiques dont certains de nos généraux avaient comme tenu école, en exerçant systé-
matiquement par eux-mêmes, et à l'exclusion des
intermédiaires responsables, le commandement de
telle ou telle partie de la troupe dans les manœuvres
ou au combat. Cette tendance se rapproche de celles
de la centralisation déplorable qui pesait sur notre
armée, annulant ou diminuant le commandement à
chacun de ses échelons, et amenant finalement à ce
qu'un commis des bureaux du ministère tranchât
sans contrôle effectif les questions soustraites à l'autorité des généraux et des chefs de corps. — Tout
cela, en affaiblissant la responsabilité, n'avait pas
moins nui à l'esprit de discipline, dont les formes,
disparues chez le soldat, avaient pourtant été sauvées
dans les cadres élevés de l'armée ; mais ces appa-
rences étaient dues en partie à un sentiment de
médiocre aloi, le désir de plaire aux supérieurs en
raison de la facilité des récompenses dont ils
disposaient ; on leur témoignait parfois ainsi une
déférence empressée d'une tout autre essence que le
respect réel, tandis que les officiers qui n'avaient
rien à gagner du commandement s'en tenaient
écartés, et souvent lui étaient publiquement hostiles.
On vit, lorsque le malheur eut dissous les liens disciplinaires, la réaction contre un passé d'obséquio-

sité ne mettre cette hostilité que plus en relief chez
quelques officiers, à qui le silence eût mieux con-
venu. — Toutefois cette attitude fut loin d'être
dominante dans l'ensemble, et, sans pouvoir prétendre que l'armée de Metz fût suffisamment disci-
plinée, on doit dire qu'elle fut digne dans les
épreuves de l'infortune.

XIII

J'étais jeune, et je venais de porter pour la première fois au feu de l'ennemi mes épaulettes neuves de capitaine, lorsque je reçus un matin de mes chefs d'alors la leçon suivante :

M'indiquant du geste les cadavres que le combat de la veille avait laissés autour de nous : « Il est temps, me dit le général, qu'à l'âge et au grade que vous venez d'atteindre, vous reveniez des superstitions qu'enseignent les prêtres, et dont votre jeunesse paraît avoir été nourrie, alors qu'on vous parlait d'une autre vie, de résurrection, de jugement dernier, et que sais-je encore. . J'ai vu bien souvent la mort en face et de bien près, et plus je l'ai rencontrée, plus je me suis convaincu qu'elle rendait au néant l'homme tout entier, que rien ne lui survivait, et qu'elle ne fait pas de différence entre cet homme qui est étendu là et la carcasse d'un chien. » — Je ne sais si c'était bien là la pensée intime du général, mais, quoi qu'il en ait été, le colonel, mon second chef, poursuivit la leçon à peu près en ces termes : « Le général a bien raison : toutes ces croyances, tous ces principes, dont se compose, dans certaines familles, l'éducation, sont autant de moyens de dressage dont l'homme fait ne doit pas rester dupe ; ainsi le sentiment du devoir, qu'on prétend donner pour principe à toutes nos actions, n'est qu'un vain mot qui ne sert au fond de règle à personne, et sur lequel il ne faut absolument pas compter. Moi qui vous parle et qui passe pour un bon officier, je n'ai jamais rien fait dans ma vie par sentiment du devoir. . etc... » Le discours continua encore quelque temps ainsi, et grava dans ma mémoire les enseignements que me donnaient ce jour-là devant la mort les chefs dont dépendait ma vie, — autant que la vie d'un homme dépend de la volonté d'un autre homme.

Depuis ce temps-là, bientôt douze années se sont écoulées, et ont ramené plus d'une fois en présence du danger mes épaulettes d'alors et mon esprit vieilli ; mais ni ces années ni les récentes épreuves n'ont donné raison aux leçons qui devaient alors me dessiller les yeux.

J'ai vu naguère se lever en armes, contre les rangs

glorieux auxquels j'appartenais, un peuple religieux ;
j'ai vu ses troupes précédées d'éclaireurs intelligents
et calmes sur qui la crainte semblait avoir peu de
prise ; j'ai vu ses bataillons marcher à l'attaque en
rangs serrés, sans que leur allure s'altérât sous une
pluie de feu, sans qu'elle s'arrêtât avant que la moitié
des hommes ne fût tombée, et que la voix des chefs
n'eût commandé la retraite : ce n'était pas de l'élan,
mais c'était de la discipline, plus puissante qu'aucun
élan. Puis, sur le corps des morts j'ai trouvé le li-
vret du soldat allemand qui lui parle de patrie,
d'honneur et surtout de devoir, — tandis que le
nôtre ne parle que du prix des effets et des châti-
ments de la loi militaire. J'ai interrogé les prisonniers et j'ai su que leurs rangs, avant de s'ébranler
au-devant de la mort, s'étaient agenouillés et avaient
répété la prière des aumôniers. Plus tard, j'ai vu les
troupes allemandes entrer victorieuses dans nos
bivacs vaincus par le fer et la faim ; tandis que leurs
fanfares saluaient notre humiliation, leurs rangs
étaient graves, calmes, disciplinés. Plus tard enfin,
j'ai traversé prisonnier leurs cités catholiques, et
j'y ai vu un peuple qui n'a rien de chevaleresque,
mais dont les mœurs sont douces parce qu'il est
instruit et qu'il prie : l'église dès son enfance lui parle
de ses obligations ; elle le conduit du giron de la
famille à l'école, en unissant pour lui dans ses enseignements Dieu, la patrie et le devoir ; elle rassemble
ses générations dans les temples, où tous prient les

mains élevées, et elle lui apprend à psalmodier encore la prière dans ses rues, lorsqu'il accompagne un des siens à la terre bénite.

J'ai vu cela, et alors j'ai mieux compris comment l'admirable élan de tant de soldats français, l'insouciance au danger de tant d'officiers aguerris, l'ardeur enfin du sang le plus généreux du monde, n'avaient pu maintenir la victoire sous nos drapeaux. Je me suis rappelé alors combien, à côté de ces traits communs de la vaillance individuelle, j'avais vu se produire de défaillances, avec quel sans-gêne des hommes parvenus aux échelons même les plus élevés de la carrière en usaient avec le devoir au feu comme au bivac, lorsque les chances de leur avancement ne leur paraissaient pas en jeu, et avec quelle facilité, d'ailleurs plus excusable, des soldats quittaient le combat lorsqu'ils en avaient assez, sans honte comme sans répression.

J'ai vu tout cela, mais je n'ai pas vu nos rares aumôniers admis à exercer leur saint ministère ailleurs qu'aux ambulances ; je n'ai pas vu dans l'ensemble des officiers trace d'une éducation chrétienne pas plus que d'une foi politique. — En revanche, j'ai vu des généraux, des colonels, ourdir presque publiquement une conspiration militaire pour déposer comme incapables ou traîtres les chefs de l'armée ; j'ai vu un peu plus tard nombre d'officiers, depuis les plus élevés jusqu'aux plus jeunes de l'armée, accueillir avec faveur l'idée de dérober cette armée aux lois de la guerre par un expédient politique de mauvais aloi.

Il me serait aisé de ne pas rester sur ces tristes souvenirs des derniers jours de Metz, en retraçant les exemples de dignité, de droiture et d'abnégation que j'ai eus aussi alors de bien près sous les yeux ; mais il convient peut-être davantage de montrer l'amour du devoir dans un fait qui s'est passé loin de moi.

Lorsque les débris de l'armée de Sedan, couverts par un drapeau blanc qui n'était pas celui que le prince Napoléon avait un jour osé appeler la honte de la France, eurent été enfermés par les vainqueurs dans la presqu'île que forme la Meuse en aval de la ville, une misère horrible sévit sur ce troupeau d'hommes que la révolte disputait à l'abattement. Le commandement et son état-major n'étaient plus là ; les officiers, confondus avec la troupe débandée, étaient insultés par leurs propres soldats : la plupart d'entre eux subissaient leur sort en silence ; un trop grand nombre encore se pressaient autour d'un bureau bavarois, pour obtenir la faveur d'abandonner la troupe à son destin, et de rentrer en France sous promesse de se désintéresser de la lutte nationale. — Cependant un général, qui naguère commandait le 12ᵉ corps de cette malheureuse armée, eut le courage de se dévouer à sauver des dernières horreurs ses informes débris. — Campé d'abord sous sa petite tente, puis dans une pauvre ferme, au milieu de cette scène de désolation, il y resta jusqu'à ce que le dernier soldat eut été emmené prisonnier; correspondant avec l'état-major ennemi, lui fournissant les situations pour les distributions de vivres, aidant à l'organisation des convois, et inspirant aux vainqueurs, lorsqu'après douze longs jours il leur apporta son épée, l'hommage que ma pensée émue lui rend aujourd'hui.

XIV

L'instruction militaire, la discipline, l'amour du devoir, en étaient arrivés au point de décadence que nous savons maintenant; la marche de cette décadence de l'esprit militaire avait été facile à suivre depuis nombre d'années dans les mœurs de l'armée, comme il est aisé de s'en rendre compte en déroulant ici le tableau de ces mœurs.

Dès son recrutement, l'édifice militaire laissait voir combien les tendances de la nation s'étaient éloignées de lui : les engagements volontaires y entraient en proportion de plus en plus minime, moindre encore dans les moments de guerre que dans les périodes de paix ; l'exonération était devenue non l'exception motivée par certaines conditions de famille ou par certaines exigences de carrière, mais le desideratum poursuivi longues années d'avance par tous les parents, depuis les riches jusqu'aux manouvriers, pour préserver leurs enfants du malheur d'être soldat. Parmi les conscrits qui n'avaient pu échapper au service personnel, le dégoût de ce service était si grand que les emplois de caporal et de sous-officier, loin d'être brigués comme un honneur, manquaient de plus en plus de candidats consentant à acquérir la petite instruction spéciale qu'ils exigent.

Pour le titre d'officier et pour la carrière militaire, le même abandon se manifestait dans les rangs qui pouvaient y prétendre ; les sous-officiers capables se lassaient, leur congé fini, d'attendre l'épaulette, et cette épaulette était de moins en moins recherchée au concours des écoles spéciales par la bourgeoisie aisée, qui avait commencé il y a quarante ans à fournir les cadres de l'armée. Le nombre décroissant chaque année des candidats n'était plus guère fourni que par des familles absolument sans ressources, qui pouvaient, à la faveur des bourses gratuites, ouvrir ainsi à leurs enfants la carrière militaire moins difficilement qu'aucune autre profession à études ou à surnumérariat plus long. Le reste de la promotion annuelle de Saint-Cyr appartenait en grande partie à l'ancienne noblesse, qui par tradition recherchait pour les siens ce début dans la vie. Mais peu de ces jeunes gens voyaient un devoir social dans l'accomplissement de fonctions auxquelles leur éducation les préparait pour-

tant mieux que tous autres, et ils abandonnaient
bientôt le métier des armes pour rentrer par le mariage dans les jouissances de la vie privée et dans
le droit à la vie politique. Il est difficile de leur en
faire un reproche quand on songe dans quelle so-
ciété inférieure les faisait vivre l'épaulette commune, quel effet devait leur produire ce refrain
qu'ils ne cessaient d'y entendre : « Ah! si j'avais
« seulement quelques rentes, comme je laisserais
« vite le métier! » quels sacrifices enfin de bien-
être, d'agrément et d'indépendance leur coûtait la
vie de garnison, et quel peu de relief et d'attrait
donnaient à cette existence l'action de la plupart
des chefs et l'esprit général de l'armée. — Certes,
la démission passée en coutume dans la classe la
plus distinguée des jeunes officiers donnait l'indice
d'un vice constitutif de l'armée moderne, et était
en elle-même un mal réel ; mais quelle lumière
jette sur les vraies causes de ce mal l'admirable
élan avec lequel la plupart de ces anciens officiers
démissionnaires ont tout quitté pour reprendre
l'épée au premier appel de la patrie en péril, mon-
trant ainsi que ce n'était pas leur cœur qui avait
fait défaut aux rangs qu'ils avaient quittés, mais
l'esprit de ces rangs qui avait rebuté leur cœur !

D'ailleurs la disparition de l'esprit militaire devant l'individualisme, dont on vient de voir un des
effets, éclatait aux yeux dans ces derniers temps.
Les officiers avaient renoncé au port de l'uniforme ;

10.

les efforts pour les y astreindre échouaient forcément contre les mœurs; ils vivaient en dehors les uns des autres, et à l'écart des réunions militaires chez leurs chefs les plus élevés, ne conservant de rapports que sous la contrainte des règlements, mais s'étant départis absolument de cette solidarité de l'esprit de corps, dont l'expression même tendait à disparaître, avec le mot de camaraderie, du vocabulaire militaire.

L'avancement au choix est une des grandes causes dissolvantes de la camaraderie et du bon esprit dans l'armée française. Cet avancement n'existe avec des proportions aussi considérables dans aucune autre armée, et l'événement vient de prouver qu'il n'est pas la garantie d'une grande supériorité dans les cadres qu'il élève aux sommets de la hiérarchie. Dans l'armée qui nous a vaincus, en effet, comme dans la plupart des grandes armées européennes, les mœurs ne permettent guère que l'avancement à l'ancienneté, et la valeur des cadres s'y maintient par l'élimination à laquelle ces mœurs vouent l'officier qui se voit menacé de subir un choix direct. — Principe dangereux au point de vue politique, et incompatible avec la dignité de l'officier et avec le maintien de l'armée dans un pays où les révolutions déplacent sans cesse le pouvoir, mais qui ne fait que porter au maximum de sa valeur le corps des officiers, sans desserrer ses liens, dans une armée qui a pour chef effectif et pour premier général le souverain respecté de la nation. — Dans l'armée française, l'avancement au choix était devenu l'unique préoccupation de la plupart des officiers : nouer des relations utiles, ne jamais déplaire, circonvenir les personnages influents, tout cela était peu ; mais il en naissait encore les rivalités d'ambition, les récriminations, et surtout le pire des fléaux, le dégoût de l'emploi qu'on tenait dans la hiérarchie, grâce à la soif des places plus élevées. Aussi l'armée comptait-elle de moins en moins de ces généreux missionnaires qui, prêchant d'exemple la folie de l'épée, n'ont de prétention qu'au renom de bon soldat. Elle ressemblait, en revanche, à notre ancien clergé de France avant l'épreuve révolutionnaire, où d'insouciants bénéficiers, vivant, au moins de contrainte possible, le matin de l'autel et le soir du théâtre, furent la triste pépinière des prêtres assermentés, et disparurent dans la tourmente sociale, ne laissant heureusement à l'histoire de l'Église que l'auréole de ses martyrs.

Nous aussi, dans les batailles de Metz, nous avons eu nos martyrs du devoir militaire, et ils ont été assez nombreux pour que nous puissions ne plus nous rappeler, au travers de ces grands souvenirs, les traces de l'abaissement antérieur des mœurs, mais seulement les marques de la générosité du sang français.

Le combat de Ladonchamps, le 7 octobre, fut la dernière, et peut-être, dans son cadre restreint, la plus brillante de ces journées de vaillance. — Mais au lendemain les symptômes de la décomposition morale que nous avons signalés, déjà anciens dans l'armée, recommencèrent à se montrer. Un des plus graves fut la conspiration militaire, grave surtout au point de vue symptômatique par l'astuce avec laquelle les meneurs cherchèrent à se couvrir des noms les plus respectés des troupes, et par la naï-veté avec laquelle la masse des conjurés s'y laissa prendre. Mais devant la loyauté de ces vieux offi-ciers généraux la conjuration se réduisit à des pro-portions déjà plus modestes; il ne s'agissait plus que d'abandonner le gros de l'armée à son sort, pour percer les lignes ennemies avec vingt mille hommes résolus : un bureau d'enrôlement fut ouvert où les of-ficiers perçants (comme nous les appelions) devaient s'inscrire avec leur contingent de volontaires (1); mais le nombre en fondait tous les jours, si bien que, le soir fixé pour l'exécution de ce beau dessein, ils n'étaient plus que deux cents, tant officiers que soldats. Ils se mirent en route néanmoins par une nuit noire; mais, arrivés aux lignes prussiennes, ils n'étaient plus que vingt-cinq, qui parlementèrent humblement avec le chef du premier avant-poste, le supplièrent de les laisser passer, et, militairement éconduits, durent rentrer à Metz moins fièrement qu'ils n'en étaient sortis.

(1) C'était le capitaine *Rossel* qui tenait le contrôle.

Ce même jour fut signée entre les chefs des armées belligérantes la capitulation, qui portait le dispositif suivant : « Les troupes, sans armes, seront conduites en ordre militaire aux lieux qui seront indiqués pour chaque corps. Les officiers rentreront alors librement dans l'intérieur du camp retranché ou à Metz, sous la condition de s'engager sur l'honneur à ne pas quitter la place sans l'ordre du commandant prussien. » Tous les officiers, à ma connaissance, profitèrent de cette disposition de convenance ; mais beaucoup, ignorant sans doute qu'en principe de droit user volontairement des bénéfices d'un contrat engage à en supporter les charges, et voyant que l'armée prussienne évacuait à la hâte ses lignes d'investissement pour se porter contre l'armée de la Loire, attendirent le moment favorable et purent gagner dès lors sans obstacle le Luxembourg pour se rapatrier ensuite, tandis que leurs soldats et leurs camarades étaient emmenés prisonniers en Allemagne.

Cette conduite, qui révélait déjà dans notre malheureuse armée le manque d'unité de sentiment sur le devoir et sur l'honneur, porta bientôt de tristes fruits. Les officiers internés sur parole dans les villes ennemies, comme il est de coutume entre peuples civilisés, apprirent que des camarades qui s'étaient ainsi séparés d'eux avaient donné leur rapatriement trop facile pour une prouesse, et étaient élevés à des grades supérieurs dans les armées de

nouvelle formation. Il en était fait de même à l'é-
gard de ceux qui, ayant simplement opté à Metz
pour la faculté de rentrer en France sous parole
« de ne plus porter les armes contre l'Allemagne,
et de n'agir d'aucune manière contre ses intérêts
jusqu'à la fin de la guerre actuelle », avaient repris
du service dans les garnisons éloignées, ou même
croyaient dégager leur honneur, — comme une faiblesse féminine se réhabilite dans un mariage tardif,
— par l'échange éventuel de quelque officier allemand qui serait capturé dans la suite.

Alors commencèrent, au mépris de l'honneur, les
évasions de malheureux officiers, dont on peut avoir
pitié comme hommes autant que honte comme camarades : ils étaient captifs tandis que leurs frères
se battaient, et ils voyaient des armes à reprendre;
ils étaient dénués de tout dans le présent et peut-
être dans l'avenir, et ils entrevoyaient une carrière
au-dessus de toutes leurs espérances. Puis ces sug-
gestions funestes furent encore exploitées par des
émissaires d'un certain commissaire civil, organi-
sateur de l'armée du Nord, venant offrir grades,
argent et facilités d'évasion. — Des officiers suc-
combèrent à la tentation, et fournirent un triste recrutement aux cadres dont s'entourait le général de
l'armée en formation, ce général qui, du port de
Bône, avait flétri dans un ordre du jour démocratique l'armée entière de Metz, et qui assurément
n'en recueillit pas ainsi la fleur.

Ce qu'il y eut de plus triste et de plus significatif encore comme décadence des mœurs militaires, ce furent, parmi les officiers prisonniers qui ne descendirent pas au parjure, l'indulgence, la complicité, l'approbation même que rencontra trop souvent ce parjure, donnant ainsi à douter du sentiment qui retenait dans le devoir ceux qui montraient en méconnaître la loi. — Puis à côté de la masse des officiers, divisés entre eux par les questions les plus simples et les plus sacrées, sombres, aigris, qui vivaient misérablement dans les cités ou dans les prisons prussiennes, expiant par mille avanies la conduite de leurs camarades transfuges de l'honneur, des jeunes gens, avec l'insouciance française, semblaient se croire en villégiature dans les villes d'eaux allemandes; des généraux enfin promenaient encore sous nos yeux cette oisiveté invétérée qui nous avait coûté si cher, et paraissaient ainsi plus soucieux des emplois que des provinces à reprendre.

Ah! nous avons bu le calice jusqu'à la lie, et nous savons tous maintenant, — et il faut que la France le sache par nous, — ce que peut devenir la plus belle armée, quand, à travers la multiplicité des règlements et des serments, l'esprit prétorien et révolutionnaire, — car c'est tout un, — a travaillé à ce que cette armée perdît *les mœurs militaires !*

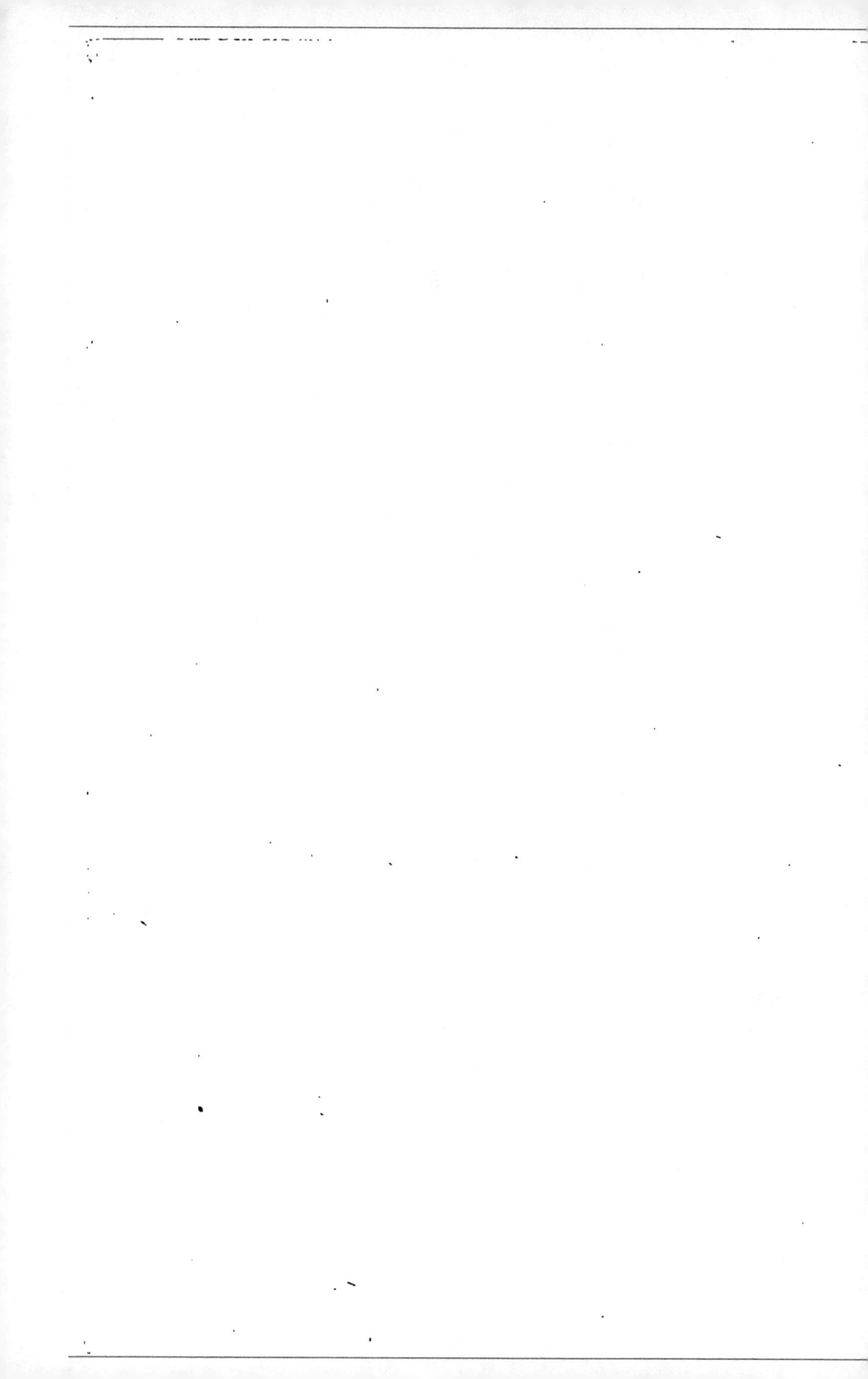

X V

Arrancy, près Laon, ce 15 mars 1871.

Je venais de terminer, pendant les longs mois de
la captivité, ces tableaux des grandeurs, des fai-
blesses et des misères de la vieille armée française,
quand une paix douloureuse me rend la liberté ; je
revois mon pays, mon village, encore occupés par
les troupes ennemies, et du fond de cette retraite
attristée je me prépare à publier l'œuvre de mon
exil, avant que la pensée d'une réorganisation militaire ne s'empare de l'opinion publique et n'impose
une solution hâtive à ce redoutable problème des
destinées nationales.

Mon livre restera forcément bien incomplet, car,
parlant seulement de ce que j'ai vu, je n'ai pu mettre
en lumière les ravages produits par l'individualisme

et l'abandon des principes que dans la seule armée qui possédait précisément les forces vives et les traditions militaires de la France. — Mais que le lecteur, en voyant en outre des blessures les plaies de cette pauvre armée de Metz, n'oublie pas qu'elle fut la seule à supporter le choc immense de toutes les forces allemandes, et à répondre à un tel effort en tenant la victoire indécise dans des batailles plus sanglantes que l'histoire moderne n'en avait encore connu, et n'en enregistra, Dieu merci! depuis.

Il faudrait maintenant qu'un autre prisonnier de guerre prît à son tour la parole pour dire les souffrances et les désordres de l'armée de deuxième levée qui termina sous Sedan une existence de quinze jours, grâce à l'abandon de sa direction à des personnages civils qui vinrent y achever de perdre la France, se croyant sans doute plus habiles en stratégie qu'ils ne l'avaient été en politique.

Il faudrait surtout, — et cela ne manquera pas, — que des combattants de nos armées improvisées du Nord, de la Loire et de l'Est se levassent pour flétrir l'ineptie impie de cette école démagogique qui, parodiant les procédés de la première République, dont elle montrait ainsi ignorer la funeste histoire, préposa des commissaires civils aux affaires militaires, insulta des armées vaincues au niveau desquelles les siennes ne pouvaient s'élever, encouragea le parjure, déconsidéra le commandement, perdit la discipline et amena finalement dans les troupes des déroutes et des scandales inconnus en France depuis la fin de la période révolutionnaire. Si bien que nous faillîmes voir bafouer le drapeau qui s'était brisé dans nos mains, mais que nos cœurs avaient battu en voyant relever; et nous en eussions eu la honte si ce drapeau n'eût trouvé, pour l'ennoblir encore de leur sang, de braves enfants et de vieilles épées que certes la démagogie ne peut revendiquer.

Apparaissez donc devant la France, en ce moment où elle se recueille pour être son propre juge et l'arbitre de ses destinées futures, apparaissez sous votre vrai jour devant elle, chefs militaires improvisés, qui dans les loges maçonniques, qui dans les cabarets, fanfarons ignares et débauchés qui avez traîné l'épaulette jusqu'à nous dégoûter d'elle! — Comparaissez pour votre punition à côté de cette légion plus burlesque que sanglante, officiers de l'ancienne armée qui avez gagné des grades sans prestige en vous échappant trop tôt de Sedan ou trop tard de Metz, en violant les lois de l'honneur ou en les esquivant, ou bien encore en gardant loin du feu vos tranquilles bureaux! Vous aussi, chefs suprêmes des armées, qui avez fait litière de décorations à vos états-majors qui mettaient bas les armes! — Vous tous, personnages de tout rang, qui avez compromis la dignité du drapeau par des expédients insuffisants même à l'heure présente, mais plus funestes encore aux efforts régénérateurs de l'avenir!

Mais, pour que nous ne désespérions pas de la

patrie humiliée par ces scandales, ne rentrez pas trop vite dans la retraite, chers camarades de nos jeunes années, qui avez montré à quelles sources vous aviez puisé l'esprit militaire, et où on le retrouverait toujours vivant. — Et vous, simples soldats de Charette et de Cathelineau, ne rompez pas encore vos rangs moissonnés par la mort, ces rangs qui nous ont rappelé que le signe du chrétien restait à la face du monde le signe de l'honneur et du dévouement !

Il m'est bien doux, à la fin de ces tristes pages, de rendre hommage à de nobles cœurs, de remercier tous ceux dont la vaillance a été de loin la consolation des prisonniers sur la terre ennemie, en portant au milieu de tant de désastres l'honneur du nom français plus haut que nous n'avions su le maintenir.

Et maintenant, ô Français, mes concitoyens, vous avez vu de quel côté était l'honneur dans les armées, et quels sentiments soutenaient la vie d'un peuple ! Ceux de vos anciens officiers qu'une semblable foi réunit et ranime s'offrent encore aujourd'hui à vous. Vaincus, humiliés, navrés, nous vous disons pourtant encore : Laissez-nous seuls avec les hommes qui viennent de glorifier notre drapeau, et avec les vaillants officiers de fortune, qui ont été nos meilleurs camarades, et souvent nos modèles dans l'amour de l'épée qu'ils avaient laborieusement acquise. Alors tous ensemble nous vous répondrons pour l'avenir de la généreuse jeunesse que vous nous confierez.

Nous vous rendrons une armée sans rivale, à condition toutefois que dans vos mœurs vous vous sentirez disposés à nous honorer comme nos pères étaient honorés, quand ils arrivaient à leur retraite avec les épaulettes de capitaine et la croix de chevalier de Saint-Louis.

Rappelez-vous notre longue histoire pour mériter de lui ajouter encore de belles pages! Alors, sans recourir ni aux rigueurs, ni aux examens, ni aux stimulants, ni aux topiques, ni à tous ces systèmes sans base philosophique ou à base vicieuse, nous fonderons des institutions militaires sur le seul amour du devoir; et nous relèverons ainsi, selon les lois de Dieu, « *le plus beau royaume qu'il y eut en ce monde* ».

FIN

TABLE DES CHAPITRES

9249 — Paris, imp. Jouaust, rue Saint-Honoré, 338.